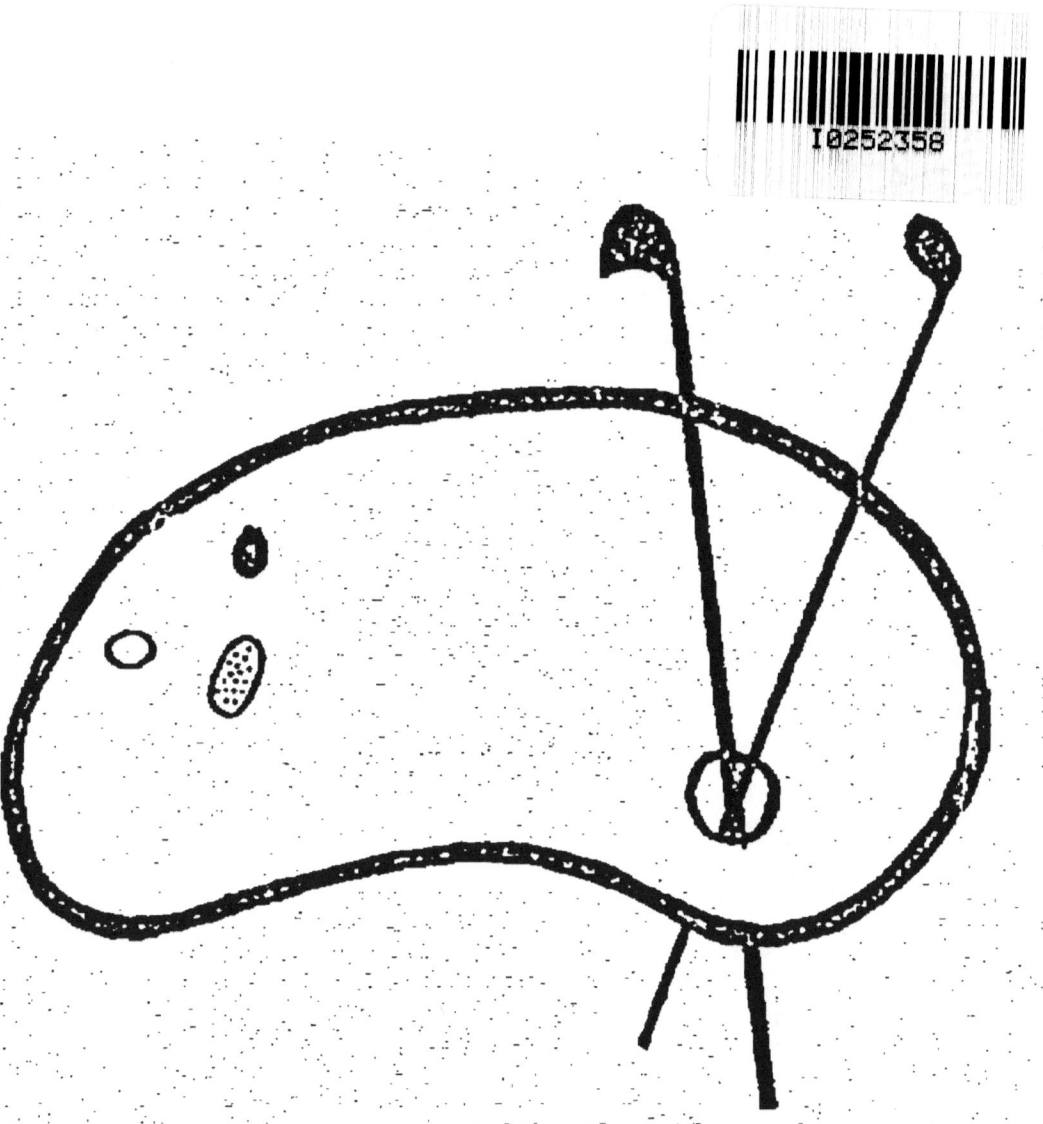

COUVERTURE SUPERIEURE ET INFERIEURE
EN COULEUR

PETITES LEÇONS SCIENTIFIQUES

D'UN INSTITUTEUR

In-8° 1ʳᵉ Série

PROPRIÉTÉ DES ÉDITEURS

PETITES LEÇONS SCIENTIFIQUES

Je suppose que nous assistions au départ d'un navire. (Page 15)

PETITES
LEÇONS SCIENTIFIQUES
D'UN INSTITUTEUR

Par A. DUBOIS

OFFICIER D'ACADÉMIE

LIMOGES
MARC BARBOU ET Cie, IMPRIMEURS-LIBRAIRES
Rue Puy-Vieille-Monnaie
1882

PETITES LEÇONS SCIENTIFIQUES

D'UN INSTITUTEUR

I

UN BON MAITRE

M. A., instituteur à C**, est un de ces excellents maîtres, et ils sont nombreux, qui ne croient avoir rempli qu'une partie de leur tâche quotidienne, quand ils ont donné à leurs élèves les six heures de classe règlementaires.

Les programmes de nos écoles sont si étendus, que les connaissances des élèves, dans chaque branche, demeurent forcément bornées et souvent obscures, si des leçons supplémentaires, sous forme de causeries attrayantes et instructives, ne viennent agrandir, en le complétant, le cercle des études primaires.

M. A. comprenait parfaitement sa mission : Il partageait également ses soins entre tous les enfants de son école, mais il réunissait, chaque soir et le jeudi, les plus instruits, qui formaient ce qu'on est convenu d'appeler la division supérieure, et, dans une série d'entretiens familiers, il cherchait à les initier à quelques-uns des grands phénomènes de la Nature.

Ces leçons, dégagées des abstractions qui, malgré les recommandations officielles, émaillent encore les traités élémentaires, avaient une tournure pratique que nous tâcherons de leur conserver pour en faire profiter les jeunes lecteurs qui n'ont pas eu la bonne fortune de les suivre.

II

LA TERRE EST RONDE

La terre d'après les enfants de l'école. — La Terre d'après les anciens peuples. — Le monde fabuleux. — Cyclopes et Pygmées. — Différents systèmes. — L'horizon. — Sphéricité de la Terre. — Démonstration. — Ce que sont les montagnes par rapport au globe terrestre. — Comparaison.

L'instituteur et ses élèves sont assis sous un arbre, au milieu d'une grande plaine. Les enfants regardent alternativement la voûte arrondie du ciel, et la ligne que forme cette voûte en s'abaissant vers la terre qu'elle semble toucher.

— Monsieur, dit Jules, vous nous avez enseigné que la terre est *ronde* comme une boule; hier encore vous nous avez montré le beau globe qui en est la représentation fidèle. Vous nous avez fait remarquer la position des différentes parties du monde, et vous nous avez dit quelques mots des peuples qui les habitent. J'ai suivi attentivement la leçon; mais je ne me rends pas bien compte que la terre soit un globe ou une boule, puisque tout ce que nous voyons semble nous indiquer le contraire.

— Quand j'étais tout petit, ajouta Léon, je croyais que le monde finissait là-bas, auprès du village de l'autre côté duquel on n'aperçoit plus rien ; ensuite, je suis allé jusqu'à la ville, et j'ai vu que la voûte du ciel se déplaçait et s'éloignait toujours à mesure que j'avançais, de sorte que j'avais toujours l'air d'occuper le milieu du cercle qu'elle semble former. Puis, on m'a dit que la locomotive qui passe là, sur le chemin de fer, vient de bien loin, de Paris, et qu'elle s'en va bien loin aussi dans l'autre direction, à Bordeaux ; et que tout cela n'est qu'un petit voyage en comparaison de ceux qu'on peut faire sur la terre. J'ai pensé alors que le monde est bien grand ; mais j'ai toujours cru que la terre était plate.

— Moi aussi, dit Raoul, je sais depuis longtemps que le monde est grand : J'ai lu de belles histoires de voyages dont quelques-uns ont duré plusieurs années ; mais je me disais qu'en marchant longtemps, on arriverait enfin au bout de la terre, et qu'on pourrait toucher cette fameuse voûte bleue, qui se déplace toujours, mais qui, pourtant, doit finir quelque part.

— Il n'est pas étonnant, mes amis, reprit

l'instituteur, que vous vous soyez fait ce raisonnement ; ils sont nombreux ceux qui se sont creusés la cervelle pour arriver à comprendre ce problème qui bientôt, je l'espère, va vous paraître des plus simples. Moi-même, quand j'étais à votre âge, je me faisais de la terre l'idée d'un immense gâteau sur lequel on aurait placé une grande coupe de verre pour le préserver des mouches ; et je pensais qu'on pouvait arriver à toucher la muraille bleue, comme une mouche enfermée sous la cloche arrive, en marchant sur le gâteau, à toucher les parois de sa prison.

Chaque peuple de l'antiquité se crut naturellement placé au centre du monde habité. L'Olympe des Grecs passait pour le centre de toute la terre, comme le mont Mérou chez les Indous.

Ces peuples primitifs, ignorants comme des enfants, se représentaient le monde habité comme un vaste disque borné de tous les côtés par un Océan merveilleux et inaccessible ; ils plaçaient aux extrémités de la terre des pays imaginaires, des îles fortunées, des peuples de géants ou de pygmées.

En décrivant le bouclier d'Achille forgé

par Vulcain, Homère présente la terre comme un disque environné de tous côtés par le Fleuve-Océan. Le rond de la terre était couvert d'une voûte solide, d'un firmament sous lequel les astres du jour et de la nuit roulaient sur des chars portés par les nuages; le matin, le soleil sortait de l'Océan oriental; le soir, il diparaissait dans l'Océan occidental. Un vaisseau d'or, ouvrage mystérieux de Vulcain, le ramenait rapidement vers l'Orient; et, le lendemain, il recommençait sa course. Au-dessous de la terre se trouvait une autre voûte, correspondante à celle du firmament et nommée le Tartare.

Nous avons étudié la géographie de l'Italie, et vous n'avez, sans doute, pas oublié le nom du détroit qui la sépare de la Sicile?

— C'est le détroit de Messine, dirent en même temps plusieurs élèves.

— Eh bien! le détroit de Messine était comme le vestibule du monde fabuleux d'Homère : Le triple flux et reflux, les hurlements du monstre Scylla, les tourbillons de Charybde, les roches flottantes, etc., nous avertissent que nous sortons des régions de la vérité. On peuplait de merveilles la Sicile qui, cependant, était déjà connue ; on nous montrait les troupeaux du soleil errant dans cette île sous la garde de bergers mystérieux ; les cyclopes, munis d'un seul œil, et de terribles anthropophages cherchant à éloigner les voyageurs de cette contrée fertile. Vers le Nord, c'étaient les pygmées, les griffons, les peuples à pieds de cheval, et d'autres ornés d'oreilles si monstrueuses qu'elles leur servaient de couvertures de lit.

— Les enfants partirent d'un grand éclat de rire et portèrent tous en même temps la main à cette partie de la tête que les maîtres des temps passés ornaient quelquefois d'appendices peu gracieux pour punir les élèves de leur paresse.

— Un grand nombre de systèmes plus absurdes encore que celui d'Homère prévalurent tour à tour : Anaximandre comparait la terre à un cylindre ; Leucippe en fit un tambour ; Héraclide la regardait comme un bateau ; d'autres affirmaient que la terre n'était qu'une haute montagne dont la base s'étendait à l'infini, tandis que les astres en éclairaient les différentes parties en circulant autour d'elle.

Telles furent, pendant longtemps, les idées bizarres qui avaient cours sur la structure du monde ; et, pendant de longs siècles, même quand les astronomes eurent reconnu la sphéricité de la terre, ces idées continuèrent à exercer leur influence sur les relations des voyageurs, des géographes et des historiens ; et disons qu'aujourd'hui encore la plupart de ces idées dominent dans les récits des classes ignorantes, chez tous les peuples.

Je vous ai dit que vous n'auriez bientôt plus de doute sur la forme sphérique de la terre : A mesure que les leçons de l'école développent l'esprit d'observation, les preuves de cette sphéricité viennent, pour ainsi dire, s'offrir d'elles-mêmes.

Regardez autour de vous : L'étendue de pays que vous apercevez forme comme un grand cercle dont vous occupez le centre ; le contour, la circonférence de ce cercle n'est autre chose que la limite lointaine où le ciel semble toucher la terre, et s'appelle *horizon*.

Cet horizon, vous le savez, ne marque pas le bout de la terre, puisque vous connaissez la plupart des villages qui se trouvent de l'autre côté de cette ligne imaginaire ; mais pourquoi n'apercevez-vous pas ces villages, ni les bois, ni les grands arbres qui existent là-bas?.. Précisément parce que la terre est arrondie.

Si nous étions placés sur une haute montagne, notre vue s'étendrait beaucoup plus loin; nous verrions encore un grand cercle et une ligne d'*horizon* derrière laquelle des maisons, des arbres, des champs, etc., nous seraient cachés par la rondeur du sol.

Voyez le village qui est tout à fait à l'extrémité de la plaine : Nous n'apercevons que le clocher de son église et le faîte de sa maison d'école : Si la terre était plate nous verrions distinctement la base de ces édifices, qui est beaucoup plus volumineuse.

Transportez-vous par la pensée dans une des vastes plaines de l'Arabie. Le cercle qui s'étend autour de vous est immense : A la limite extrême de l'horizon vous voyez le sommet d'une haute montagne. Comprenez-vous pourquoi la base n'est pas apparente? — Oui, n'est-ce pas? — Parce que la terre est ronde.

Je suppose, maintenant, que nous assistions, dans un port de mer, au départ d'un navire. Nous sommes sur un point élevé du rivage ; la mer immense qui s'étend devant nous semble s'élever vers le ciel, par une pente insensible, jusqu'à l'*horizon*. Le navire s'éloigne, on dirait qu'il monte à mesure qu'il s'approche de la ligne qui limite notre vue. Mais bientôt, c'est l'inverse qui se produit ; on le voit qui descend et qui disparaît peu à peu comme s'il allait s'engloutir : d'abord le corps du navire, puis les plus basses voiles ; mais ce n'est que plus tard que les voiles les plus hautes et la pointe des mâts se cachent à leur tour.

— Il est évident, dit Raoul, que si la mer était plane, le navire tout entier resterait en vue jusqu'à l'extrême limite de l'horizon.

— C'est bien, mon ami, je vois que vous avez compris. Jules va nous dire ce qui se produirait au même moment, en sens inverse, c'est-à-dire, pour un observateur qui, placé sur le pont du navire, regarderait le rivage.

— Celui-là, Monsieur, verrait disparaître peu à peu le port, les quais, les maisons basses, après quoi il apercevrait encore les édifices placés sur le point le plus culminant de la ville.

— Tous ces phénomènes, mes enfants,

prouvent évidemment que toute plaine apparente sur la terre est une surface courbe : C'est la convexité de cette surface qui dérobe aux regards les maisons, les arbres, la montagne, le vaisseau. Mais, puisque ces choses arrivent partout où nous allons sur la terre, il est impossible de ne pas en tirer la conséquence que la surface totale est à peu près régulièrement courbée de tout côté, ou, en d'autres termes, que la terre est un corps sphérique plus ou moins parfait.

Nous pourrions multiplier les exemples si ceux que je viens de vous donner ne suffisaient pas. J'ajouterai que la meilleure preuve que la terre est ronde, c'est qu'on en a fait le tour ; et, pour vous récompenser de votre assiduité, je vous raconterai l'histoire abrégée du premier voyage autour du monde.

Mais je vois Lucien qui a encore une observation à me faire, et qui, paraît-il, n'est pas bien fixé sur la sphéricité de la terre.

— Pardon, Monsieur, j'ai bien compris les explications que vous nous avez données : Cependant nous voyons, et vous nous avez appris, que la terre est couverte de hautes montagnes et de profondes vallées. Vous nous avez dit que la profondeur moyenne de la mer est de 4,800 mètres; hier encore, en nous montrant le globe, vous nous avez rappelé le nom des montagnes les plus élevées de la terre; et nous savons que la Maladetta a 3,312 mètres de hauteur, que le Mont-Blanc en a 4,810; que le Chimborazo compte 6,530 mètres d'altitude, et l'Hymalaya 8,588 mètres !.. Est-il possible après cela que la terre soit ronde?

— Tout cela, mon ami, n'est qu'apparent. Le globe terrestre qu'on a pu mesurer, a 40,000,000 de mètres de tour; soit 40,000 kilomètres ou 10,000 lieues !.... Vous faites-vous bien l'idée d'une pareille boule. Avec des proportions si formidables, les plus hautes montagnes connues ne présentent pas sur la surface de la terre des aspérités plus fortes, relativement, que celles qu'on peut voir sur l'écorce d'une orange.

Regardez cette grosse citrouille; elle est couverte de verrues et de nombreuses crevasses qui nous représentent, si vous voulez, des montagnes et des vallées. Cette citrouille perd-elle, à cause de cela sa forme sphérique? Non, n'est-il pas vrai? — Eh bien ! les rugosités do la citrouille sont mille fois plus accentuées que les plus hautes montagnes ou les plus profondes vallées du globe terrestre.

L'Hymalaya, avez-vous dit, a 8,588 mètres d'altitude!.. On a calculé que l'effet qui en résulte n'est pas plus apparent, pas plus sensible que ne le serait une aspérité de six dizième de millimètres sur une sphère de 1 mètre de diamètre.

C'est, comme qui dirait, un grain de fine poussière placé sur un globe dont le diamètre serait plus de trois fois celui de la sphère dont nous nous servons à l'école!

III

LE TOUR DU MONDE

Une mouche sur une citrouille. — Une fourmi sur un petit globe terrestre. — Voyage d'une fourmi autour du monde. — Itinéraire suivi par Magellan. — La meilleure preuve de la sphéricité de la terre. — Le voyage de Magellan. — Préparatifs de l'expédition. — Départ de la flotte. — Difficultés. — Les Brésiliens. — Les Patagons. — Un équipage mécontent. — Révolte. — Répression vigoureuse. — Le détroit de Magellan.

Supposez, mes enfants, dit l'instituteur, qu'une petite mouche, placée sur la citrouille que nous examinions lors de notre précédent entretien, marche droit devant elle, toujours en ligne droite ; s'il se rencontre un obstacle, une des verrues, par exemple, elle le tourne et reprend sa course en avant : Elle aura bientôt fait le tour de la citrouille ; et si elle a tenu une direction régulière, elle reviendra juste au point d'où elle est partie.

Supposez encore qu'une petite fourmi se trouve sur le globe dont vous vous servez à l'école, juste à l'embouchure du fleuve appelé le Guadalquivir, et dont vous connaissez tous la position.

— C'est, dit André, un fleuve d'Espagne qui prend sa source dans la Sierra de Cazorla, baigne Andujar, Cordoue et Séville, et se jette dans l'Océan Atlantique, à San-Lucar, après un parcours d'environ 400 kilomètres.

— Vos souvenirs géographiques sont très justes, mes enfants, et nous permettront de suivre, sans difficulté, le vaste itinéraire que nous allons, en quelques minutes, faire parcourir à la petite fourmi.

La petite bête part de l'embouchure du Guadalquivir : Comme le marin qui oriente ses voiles, elle agite ses antennes, flaire la bonne voie, et prend la direction sud-ouest. Elle arrive aux îles Canaries, fait une pause, passe entre les îles du Cap-Vert et les côtes d'Afrique, s'arrête quelque temps dans le voisinage de Sierra-Leone, repart dans la direction sud-ouest, franchit l'équateur, et se dirige vers le Brésil, où elle se repose à Rio de Janeiro.

Elle reprend sa course, un moment interrompue, longe les côtes de l'Amérique du sud, rencontre le détroit qui porte aujourd'hui le nom de Magellan, passe entre la partie la plus méridionale de l'Amérique et la Terre de Feu; mais comme elle s'est longuement détournée de la ligne droite pour tourner l'obstacle qui n'était autre chose que le continent américain, elle remonte maintenant vers le nord-ouest, sur la route libre de l'Océan Pacifique, passant entre des centaines d'îles dont elle n'aperçoit pas une seule, pendant un parcours de plus de 4,000 lieues, et s'arrête, épuisée, sur deux îles désertes et stériles appelées *Infortunées*.

Reprenant sa marche, elle arrive aux îles des Larrons; elle atteint bientôt les Philippines, visite Bornéo, centre de la civilisation malaise, puis bientôt, l'archipel des Moluques, où, avant de reprendre sa direction de retour, elle opère plusieurs marches et contre-marches. La voilà qui repart vers l'Ouest; elle visite Java et Sumatra, traverse le détroit de Malacca, fait route en pleine mer, arrive vers les côtes d'Afrique, laisse à distance le Zanguébar, descend vers le Sud, passe dans le Canal de Mozambique, double le Cap de Bonne-Espérance, reprend vers le nord-ouest, arrive aux îles du Cap-Vert, retourne vers la côte d'Afrique, et est bientôt revenue à son point de départ, à l'embouchure du Guadalquivir.

Si vous avez bien suivi notre petite voyageuse, vous verrez qu'elle a accompli le tour du monde, et c'est ce même itinéraire que nous allons suivre avec Magellan.

Magellan, l'un des plus célèbres navigateurs du XVIe siècle, servit d'abord dans les Indes sous les ordres d'Albuquerque. Ayant eu à se plaindre d'une injure grave qu'il avait reçue du roi de Portugal, Emmanuel, Magellan quitta son pays et passa, en 1517, au service de l'Espagne, alors gouvernée par le puissant empereur Charles-Quint.

Chargé de diriger une expédition qui avait pour objectif les Moluques, ou *Iles aux épices*, où le muscadier et le giroflier embaument l'air et sont une source inépuisable de richesses, Magellan conçut le projet de se rendre à ces îles en prenant par l'Ouest et passant au sud de l'Amérique, tandis que jusque-là, on n'avait pu les aborder que par l'Est, en doublant le Cap de Bonne-Espérance. Depuis 1511, les Portugais exploitaient dans le plus grand secret les îles aux épices.

Ce fut au prix de mille difficultés que, malgré les engagements pris par l'empereur, Magellan put mettre à exécution l'entreprise qu'il avait formée.

L'ambassadeur portugais lui fit des remontrances ; et, en présence de l'inutilité de ses tentatives, il chercha à le faire assassiner. On essaya de faire revenir Charles-Quint sur sa décision en suscitant une émeute, sous prétexte que son protégé avait décoré l'un de ses navires des armes portugaises. L'or du Portugal était répandu à pleines mains pour susciter la jalousie des marins espagnols qui auraient pu prétendre à la direction suprême de l'expédition.

Toutes ces tentatives échouèrent misérablement, et de nouvelles ordonnances fixèrent la composition de l'équipage, nommèrent l'état-major, et confièrent le commandement à Magellan.

Après avoir prêté foi et hommage à la couronne de Castille, il reçut, à son tour, le serment des officiers et des matelots et quitta le port de San-Lucar, le lundi matin, 10 août 1519.

La flotte se composait de la *Trinidad*, navire de 120 tonneaux qui portait le pavillon du commandant de l'expédition ; du *San-Antonio*, également de 120 tonneaux, commandé par Jean de Carthagène, le second de Magellan ; de la *Concepcion*, de 90 tonneaux, sous les ordres de Gaspar de Quesada ; de la *Victoria*, de 85 tonneaux, confiée à Luiz de Mendoza ; et du *Santiago*, de 75 tonneaux, commandé par Serrano.

Quatre des capitaines et presque tous les pilotes étaient Portugais ; et, en y comprenant un certain nombre de matelots, c'était un total de trente-trois Portugais, sur un ensemble de deux cent trente-sept individus, parmi lesquels figuraient plusieurs Français.

Toutes les ressources que pouvait fournir l'art nautique de cette époque avaient été réunies pour cette expédition.

La flotte, qui avait levé l'ancre le 10 août, descendit le Guadalquivir, acheva de s'approvisionner et prit définitivement la mer le 20 septembre. Six jours plus tard, elle touchait les Canaries et relâchait à Ténériffe pour faire de l'eau et du bois. On était à peine parti que des symptômes de mésintelligence éclatèrent entre Magellan et Jean de Carthagène : Ce capitaine prétendait être mis au courant de la route à suivre ; mais le commandant en chef repoussa cette prétention de son subordonné.

Des vents contraires et des calmes plats retinrent la flotte pendant une vingtaine de jours dans les parages de Sierra Léone, sur les côtes d'Afrique.

Un conseil tenu à bord du vaisseau amiral donna lieu à un incident des plus pénibles. Une vive discussion s'étant engagée, Jean de Carthagène, qui affectait de traiter avec mépris le capitaine général, s'oublia au point de lui répondre avec insolence. Magellan l'arrêta de sa propre main et le fit mettre aux *ceps*, instrument composé de deux pièces de bois percées de trous où devaient entrer les jambes du matelot qu'on devait punir.

Les autres officiers réclamèrent contre cette punition trop humiliante, et ils obtinrent de leur chef que le coupable fût simplement mis aux arrêts sous la garde de l'un d'eux.

La marche des bâtiments fut ensuite retardée par des pluies torrentielles, des bourrasques impétueuses, des rafales épouvantables. Pendant ces terribles orages, les hardis aventuriers furent plusieurs fois témoins du phénomène électrique désigné sous le nom de feu Saint-Elme, dont on ne connaissait pas alors la cause, et qu'on croyait être un signe manifeste de la protection du ciel.

On eut bientôt dépassé l'équateur ; on se dirigea vers le Brésil, et le 13 décembre, quatre mois après le départ de San-Lucar, la flotte jetait l'ancre dans la magnifique baie de Rio-Janeiro, désignée, à cette époque, sous le nom de port de Santa-Lucia.

Là l'expédition put se reposer et échanger des provisions fraîches contre de petits miroirs, des bouts de rubans, des grelots, des ciseaux, des hameçons, des verroteries, toutes choses de peu de valeur auxquelles les naïfs indigènes attachaient le plus grand prix.

Parmi les produits échangés, Pigafetta, compagnon de Magellan, qui a écrit la relation du voyage, cite des ananas, des cannes à sucre, des patates, des poules, et de la chair d'un animal qu'on croit être le tapir.

« Ces indigènes, dit Pigafetta en parlant des Brésiliens, vivent très vieux, il vont complètement nus, couchent sur des filets de coton, appelés hamacs, suspendus à des poutres par les deux bouts. Quant à leurs barques, appelées *canoas*, elles sont creusées dans un seul tronc d'arbre et peuvent contenir jusqu'à quarante hommes. Ils sont anthropophages, mais par occasion seulement, et ne mangent guère que leurs ennemis pris dans le combat. Leur habillement de cérémonie est une espèce de veste faite de plumes de perroquets tissées ensemble et arrangées de façon que les grandes pennes des ailes et de la queue leur forment une sorte de ceinture sur les reins, ce qui leur donne une figure bizarre et ridicule. »

Ces sauvages avaient en outre, comme ornements, de petits cylindres de pierre passés par trois trous percés dans la lèvre inférieure.

Ils étaient bons et crédules et accordaient aux Espagnols une confiance extrême dont ces derniers abusèrent souvent.

Au bout de treize jours, l'escadre reprit la mer, et se dirigeant au sud, en longeant les côtes, arriva à l'embouchure de la Plata. Les indigènes de cette contrée, appelés Charruas, remplis d'épouvante à la vue des Européens, se réfugièrent précipitamment dans l'intérieur du pays en emportant ce qu'ils avaient de plus précieux ; il fut impossible d'établir avec eux la moindre relation.

La flotille fit relâche un peu plus au sud, au port Désiré ; les vaisseaux s'approvisionnèrent amplement de pingouins, espèce de volatiles de la grosseur d'une oie, à ailes rudimentaires, dont la chair est détestable. Puis, on s'arrêta bientôt dans un beau port, qui reçut le nom de baie de Saint-Julien, où Magellan résolut d'hiverner.

Il y avait deux mois que les voyageurs étaient dans la baie de Saint-Julien, lorsqu'un jour, ils aperçurent un homme qui leur parut de taille gigantesque, et qui, à leur vue, se mit à chanter, à danser en se couvrant la tête de poussière.

Il se laissa, sans résistance, conduire sur les vaisseaux, où il manifesta le plus vif étonnement à la vue de tout ce qui l'entourait : C'était un Patagon. Rien, paraît-il, ne surprit autant ce grand enfant, qu'un miroir d'acier qu'on lui présenta.

« Le géant, qui n'avait pas la moindre idée de ce meuble, dit le narrateur de l'expédition, et qui, pour la première fois sans doute, voyait sa figure, recula si effrayé qu'il jeta par terre quatre de nos gens qui étaient derrière lui. »

On le combla de présents, et on le ramena à terre : L'accueil bienveillant qu'il avait reçu détermina dix-huit de ses compagnons, dont treize femmes, à monter à bord.

Ces indigènes, grands, et les cheveux blanchis à la chaux, étaient drapés dans de vastes manteaux de fourrures. Ils portaient de larges chaussures en peau, d'où l'on a fait le nom de Patagons (Grands-Pieds). Leur taille, qui varie entre 1^m.92 et 1^m.72 n'était cependant pas aussi élevée qu'elle parut à Pigafetta. Ils avaient pour armes un arc court et pesant, et des flèches de roseau dont la pointe était formée d'un caillou tranchant.

Magellan, qui voulait retenir deux de ces

sauvages pour les conduire en Europe, usa d'une supercherie que nous qualifierions d'odieuse aujourd'hui. Il les chargea de présents; et comme il savait qu'ils estimaient le fer par dessus tout, il leur offrit, quand leurs mains furent pleines, deux de ces anneaux de fer qui servent à enchaîner les prisonniers. Ne sachant comment faire pour les emporter, ils permirent qu'on les leur attachât à la jambe, et les malheureux se trouvèrent enchaînés. Quand ils s'aperçurent du honteux stratagème, ils entrèrent dans une fureur dont rien ne peut donner une idée. Les Espagnols essayèrent vainement d'en capturer d'autres ; et, dans la chasse qu'ils leur firent, l'un d'eux fut blessé d'une flèche empoisonnée qui causa presque subitement la mort.

Le capitaine général, pressentant qu'il faudrait rester assez longtemps dans cette contrée qui ne fournissait que de pauvres ressources, ordonna d'économiser les vivres ; mais les Espagnols, mécontents de la stérilité du pays et de la longueur de l'hiver, commencèrent à murmurer. Ils ne trouveraient pas, disaient-ils, le détroit qui devait les conduire dans un autre Océan.

Quelques-uns étant morts des suites de privations endurées, des mutins proposèrent de reprendre le chemin de l'Espagne.

Magellan, résolu à mourir, s'il était nécessaire, pour le succès de son entreprise, répondit qu'il ne pouvait, sous aucun prétexte, renoncer à accomplir les promesses qu'il avait faites à l'empereur, et que rien ne l'empêcherait de marcher en avant.

Quant aux vivres, ajouta-t-il, si vous trouvez vos rations insuffisantes, ajoutez-y le produit de votre chasse et de votre pêche.

Magellan se trompait en pensant que sa déclaration si ferme imposerait aux mécontents, surtout, quand il s'imposait à lui-même les plus dures privations.

Il comptait sans la haine de Carthagène et de certains autres capitaines.

Les rebelles rappelèrent aux Espagnols leurs vieilles haines entre les Portugais ; ils insinuèrent que le capitaine général, désirant rentrer dans sa patrie et se faire pardonner ses torts, voulait amener la destruction de l'équipage ; et, avec l'aide des Portugais embarqués avec lui, ramener dans sa patrie la belle flotte que l'Espagne lui avait confiée

Toutes ces accusations étaient habilement semées parmi les matelots, et la révolte ne tarda pas à éclater ouvertement.

Le dimanche des rameaux 1er avril 1520, l'amiral convoqua les officiers et les pilotes pour entendre la messe à son bord et dîner ensuite avec lui.

Alvaro de la Mesquita, cousin de Magellan, Antonio de Coca, et les officiers sous leurs ordres se rendirent seuls à cette invitation ; mais, ni Mendoza, ni Quesada, ni Jean de Carthagène n'y parurent. La nuit suivante, ils voulurent, avec trente hommes de la *Concepcion*, se faire livrer Alvaro de la Mesquita. Le pilote Juan de Eliorraga reçut quatre coups de poignard dans le bras en défendant son capitaine.

Trois des vaisseaux tombèrent entre les mains des rebelles, qui comptaient beaucoup de complices dans les équipages. Cependant, les chefs de la révolte n'osant pas s'attaquer ouvertement au commandant en chef, lui firent porter des propositions d'accommodement. Magellan leur fit répondre de venir à son bord, ce qu'ils refusèrent absolument.

Alors, n'ayant plus de ménagement à garder, il fit saisir l'embarcation qui avait apporté le refus des rebelles et expédia à bord de la *Victoria* six hommes sous la conduite de Espinosa déterminés à vendre chèrement leur vie.

Espinosa remit à Mendoza une lettre du commandant, lui renouvelant l'injonction de se rendre à bord de la *Trinidad*, et comme ce capitaine souriait d'un air moqueur, Espinosa lui planta son poignard dans la gorge pendant qu'un matelot lui portait un coup de couteau à la tête.

En même temps, une autre embarcation, montée par quinze hommes bien armés, s'emparait de la *Victoria*, dont les matelots, surpris par la rapidité de l'exécution, n'opposèrent aucune résistance. Le lendemain, les deux autres bâtiments révoltés furent repris après un combat sanglant.

Le corps de Mendoza fut divisé en quartiers, pendant qu'un greffier lisait à haute voix la sentence qui le flétrissait.

Trois jours plus tard, Quesada était décapité et coupé en morceaux par son domestique, qui obtint grâce de la vie en récompense de cette triste besogne.

Quant à Jean de Carthagène, le plus coupable de tous, le haut rang qui lui avait été conféré par l'empereur le sauvait de la mort; mais il fut abandonné sur la plage avec le chapelain Gomez de la Reina.

Quarante matelots coupables reçurent leur pardon parce que leurs services étaient indispensables; et, après cette terrible répression, Magellan put espérer qu'il avait dompté l'esprit de rébellion.

La température devint plus clémente, les navires furent remis en état; et, le 24 août, la flotte reprit la mer, explorant avec soin tous les golfes pour y trouver le détroit cherché avec tant de persévérance et d'obstination.

L'un des navires, le *Santiago*, se perdit à la hauteur du cap Sainte-Croix pendant une violente rafale; on put sauver les hommes, les marchandises et tous les agrès, qui furent répartis sur les quatre vaisseaux restants.

Enfin, le 21 octobre, suivant les uns, le 27 novembre suivant les autres, la flotte pénétra dans un golfe resserré, au fond duquel s'ouvrait un détroit qui débouchait dans la mer du Sud. On l'appela, tout d'abord, à cause de la fête du jour, le détroit des *Onze mille Vierges*.

De chaque côté se dressaient des terres élevées couvertes de neige; on apercevait de nombreux feux ; mais il fut impossible de se mettre en communication avec les indigènes. On eut à traverser une succession de goulets étroits, de bras de mer resserrés au milieu d'obstacles de toutes sortes, sur une longueur de quatre cent quarante milles : et, après vingt-deux jours d'une navigation périlleuse, la flotte déboucha sur un immense océan.

Ce détroit, dont vous connaissez la position entre l'Amérique du Sud et la Terre de Feu, a reçu le nom de détroit de Magellan.

IV

SOUFFRANCES ET REVERS

La route des Moluques par l'Ouest. — Souffrances et privations. — L'Océan Pacifique. — Les Iles Infortunées. — Archipel des Philippines. — Exploration. — Le roi Colambu. — Bienveillant accueil. — Le roi de Zébu. — Relations cordiales. — Nombreuses conversions. — L'île de Matan. — Autorité méconnue. — Lutte contre les Indigènes. — Défense énergique. — Les Européens vaincus. — Mort de Magellan.

Je devine, mes enfants, la pensée qui vous préoccupe : Le voyage de Magellan n'est pas terminé, et vous désirez savoir comment le grand navigateur a su tenir la promesse qu'il avait faite à Charles-Quint.

Officiers et matelots étaient dans la joie en voyant, après de si longs efforts et tant de fatigues, la route des Moluques ouverte dans la direction de l'Ouest, suivant les prévisions du capitaine général. Mais, si la principale difficulté était vaincue, des souffrances et des privations de toutes sortes attendaient encore les équipages dans cet immense Océan, semé d'îles innombrables, où la flotte allait naviguer pendant quatre mois, et faire un parcours de plus de 4,000 lieues, sans découvrir une seule terre.

Le biscuit n'était plus qu'une poussière infecte mélangée de vers ; l'eau corrompue exhalait une odeur insupportable : Pour ne pas mourir de faim, on fit la chasse aux rats et aux souris dont il ne resta pas un seul sur les navires ; on mangea de la sciure de bois ; on rongea tous les cuirs qu'il fut possible de trouver. Et toujours la mer sans limites étendait à l'horizon sa surface tranquille...

Pas une tempête n'assaillit la flotte pendant ces quatre longs mois ; aussi Magellan appelat-il Océan Pacifique cette route immense et facile qui le conduisait vers la Malaisie.

Les équipages furent décimés par le scorbut. Dix-neuf hommes moururent ; une trentaine furent atteints de violentes douleurs, lorsqu'enfin les malheureux aperçurent deux îles. Hélas ! elles ne pouvaient offrir aucune ressource ; elles étaient désertes et stériles et reçurent le nom d'*Iles-Infortunées*.

Quelques jours plus tard, trois nouvelles îles furent découvertes. Là encore, il fut impossible de s'approvisionner. Les insulaires qui vinrent à bord volèrent une foule d'objets et s'emparèrent même d'une chaloupe. Pour les punir de leur impudence, Magellan fit une descente avec une quarantaine d'hommes ; il brûla quelques cases, des embarcations et tua sept indigènes. Ce pays fut appelé *Iles des Larrons* à cause de l'aptitude extraordinaire des habitants pour le vol.

Le 16 mars, à environ trois cents lieues plus à l'Ouest, on aperçut une terre élevée, connue aujourd'hui sous le nom d'*Ile de Samar*, où les équipages exténués purent prendre quelque repos. Des tentes furent dressées à terre pour les malades, et bientôt les indigènes apportèrent des bananes, du vin de palmier, des cocos et des poissons. On leur donna en échange des miroirs, des peignes, des grelots et autres objets qui les transportaient de joie.

Ils devinrent promptement familiers, et ils apprirent aux Espagnols que leur archipel produisait des clous de girofle, de la canelle, du poivre, des noix muscade, du gingembre, du maïs et qu'on y trouvait de l'or.

Cet archipel, formé d'un grand nombre d'îles qui s'étendent dans la Malaisie, reçut le nom d'*Iles Saint-Lazare*, qui fut plus tard changé contre celui de *Philippines*, du nom de Philippe d'Autriche, fils de Charles-Quint.

Après avoir pris un peu de repos dont ils avaient tant besoin, et s'être un peu remis de leurs fatigues, les Espagnols reprirent la mer pour explorer l'archipel. Ils visitèrent successivement plusieurs îles et en particulier celle de Massava, dont le roi, Colambu, put se faire comprendre d'un esclave natif de Sumatra que Magellan avait à son service.

Le roi vint à bord et apporta au capitaine général différents présents, en échange desquels il reçut une veste de drap multicolore, un bonnet d'écarlate, en même temps que des verroteries et des couteaux étaient offerts aux gens de sa suite.

On fit voir au monarque indigène toutes les armes à feu, et l'on tira en sa présence quelques coups de canon dont il fut fort épouvanté. On fit armer de toutes pièces un Européen à qui on donna des coups d'épée et de stylet, pour montrer aux sauvages qu'un tel homme était invincible, et on leur dit que chacun des trois vaisseaux comptait deux cents de ces soldats.

Le roi se retira fort étonné, et pria Magellan d'envoyer avec lui deux hommes de la flotte, à qui il voulait montrer quelques-unes des curiosités de l'île. Pigafetta et le second Européen qui l'accompagnait n'eurent qu'à se louer de l'accueil qu'on leur fit.

Ils apprirent qu'on trouvait dans l'île des morceaux d'or gros comme des noix et même comme des œufs, mêlés avec la terre qu'on passait au crible; le roi leur dit que tous ses vases et la plupart des ornements de sa maison étaient de ce métal.

Pigafetta nous a laissé du monarque la description suivante :

« Il était, dit-il, vêtu fort proprement, selon l'usage du pays, et c'était le plus bel homme que j'aie vu parmi ces peuples. Ses cheveux noirs lui tombaient sur les épaules; un voile de soie lui couvrait la tête et il portait aux oreilles deux anneaux.

» De la ceinture jusqu'aux genoux, il était couvert d'un drap de coton brodé en soie. Sur chacune de ses dents on voyait trois taches d'or, de manière qu'on aurait dit qu'il avait toutes ses dents liées avec ce métal. Il était parfumé de storax et de benjoin. Sa peau était peinte, mais le fond en était olivâtre. »

Une chapelle avait été dressée sur le rivage avec des voiles de navires et de la verdure, et le jour de Pâques, les équipages descendirent à terre pour entendre la messe.

Pendant tout le temps de la cérémonie, le roi, et un grand nombre de ses sujets écoutèrent dans un silence religieux et imitèrent tous les mouvements des Espagnols. Puis, une grande croix fut plantée sur une colline, et on leva l'ancre pour gagner le port de Zébu, plus propre à ravitailler les vaisseaux et à fournir des objets de trafique.

La flotte arriva à cette destination le dimanche 7 avril, et aussitôt Magellan envoya en ambassade au roi de Zébu l'un de ses officiers, accompagné d'un interprète.

L'envoyé fit comprendre au roi que le chef de l'escadre était au service du plus grand roi de la terre ; le but de son voyage était d'atteindre les Moluques ; mais il profitait de son passage pour s'arrêter en ami, dans ce pays où il désirait lui faire visite et prendre de l'eau et des vivres frais en échange de marchandises.

Le roi répondit que les Européens seraient les bienvenus, qu'ils pouvaient s'arrêter dans son port, mais que s'ils avaient l'intention de trafiquer, ils devaient payer un droit auquel on soumettait tous les bâtiments, ainsi que pouvait l'attester un marchand maure resté dans le pays.

L'envoyé de Magellan répondit que son maître était un trop puissant monarque pour se soumettre à de pareilles exigences : « Nous sommes venus en amis, ajouta-t-il, mais si vous voulez la guerre, vous trouverez à qui parler. »

Le Maure fit connaître au roi de Zébu la puissance de ceux qui se présentaient, et il consentit à renoncer à ses prétentions.

Le roi de Massava, qui avait accompagné jusque-là les Espagnols, changea si bien les dispositions du souverain de Zébu que l'ambassadeur obtint, pour son pays, le privilège exclusif du commerce de l'île, et qu'une amitié loyale fut scellée entre le roi et Magellan par l'échange du sang, qu'ils tirèrent de leur bras droit.

Dès ce moment, de cordiales relations s'établirent, des vivres furent apportés en abondance, et le neveu du roi vint, avec une suite nombreuse, visiter à son bord Magellan, qui profita de la circonstance pour raconter à ses hôtes l'histoire merveilleuse de la création du monde, les principaux faits de l'ancien et du nouveau Testament, et pour les inviter à se convertir au christianisme.

Le roi de Zébu, celui de Massala, cinq cents hommes et femmes se firent baptiser, et bientôt tous les indigènes suivirent cet exemple, à la suite d'une guérison opérée par Magellan et qu'ils crurent miraculeuse.

Les sujets du roi de Zébu abattirent leurs temples et brisèrent leurs idoles en criant: « *Vive la Castille.* »

Non loin de l'île de Zébu se trouve l'île de Matan, qui avait deux chefs, dont l'un avait reconnu l'autorité des Espagnols, mais dont l'autre s'y était énergiquement refusé. Magellan résolut d'imposer par la force ce qu'il ne pouvait obtenir par la persuasion.

Le vendredi, 26 avril, il se dirigea sur Maïan avec trois chaloupes portant soixante hommes armés de cuirasses, de casques et de mousquets, et une trentaine d'embarcations du pays sur lesquelles se tenaient le roi de Zébu, son gendre, et de nombreux guerriers.

Dès la pointe du jour, les Espagnols sautèrent à l'eau au nombre de quarante-neuf : les chaloupes ne pouvaient approcher de terre à cause des rochers et des bas-fonds.

Quinze cents indigènes les attendaient, et se jetèrent sur eux en trois bataillons, les attaquant de flanc et de front.

Les mousquetaires et les arbaletiers tiraient de loin sur la multitude de guerriers qui, protégés par de solides boucliers eurent peu à souffrir.

Les Espagnols furent assaillis à coups de pierres, de flèches, de lances et de javelots. Accablés sous le nombre, ils crurent intimider leurs ennemis en mettant le feu à quelques cases: La vue de l'incendie les rendit, au contraire, plus acharnés ; ils redoublèrent d'efforts et pressèrent de tous côtés les Espagnols, dont la perte fut assurée, à la suite d'un incident fâcheux.

Les indigènes avaient remarqué que tous les coups portés vers les parties du corps des Européens protégées par l'armure ne les blessaient pas ; ils dirigèrent donc leurs flèches et leurs javelots contre la partie inférieure du corps qui se trouvait sans défense.

Blessé à la jambe par une flèche empoisonnée, Magellan ordonna la retraite, qui se changea bientôt en une fuite telle que sept ou huit Espagnols seulement restèrent aux côtés de leur chef.

Ils reculaient en combattant pour regagner les chaloupes, lorsque plusieurs insulaires se jetèrent en même temps sur Magellan, atteint au bras, et incapable de se servir de son épée. Ils lui lancèrent sur la jambe un tel coup de sabre qu'il tomba dans l'eau où ils n'eurent aucune peine à l'achever.

Tous blessés, ses derniers compagnons regagnèrent à la hâte les embarcations.

Ainsi mourut, le 27 avril 1521, cet illustre

navigateur, qui n'eut pas la gloire de jouir du succès de ses découvertes.

« Il était, dit Pigafetta, orné de toutes les vertus ; il montra toujours une constance inébranlable au milieu de ses plus grandes adversités. En mer, il se condamnait lui-même à de plus grandes privations que le reste de son équipage. Versé plus qu'aucun autre dans la connaissance des cartes nautiques, il possédait parfaitement l'art de la navigation, ainsi qu'il l'a prouvé en faisant le tour du monde, ce qu'aucun n'avait osé avant lui. »

Il fallut, en effet, à ce grand homme de mer, une énergie et une persévérance extraordinaires pour s'enfermer, au mépris de la terreur de ses compagnons, dans ces régions inexplorées que l'esprit superstitieux de l'époque peuplait des dangers les plus fantastiques.

La gloire de Magellan est immortelle !

V

RETOUR DE L'EXPÉDITION

Réorganisation. — Les nouveaux chefs. — Conversion peu sincère. — Trahison. — Un chef abandonné. — Un vaisseau brûlé. — Terre promise. — Bornéo. — Un rajah. — Massacre inutile. — Des feuilles animées. — Piraterie. — Archipel des Soulou. — Réception à Tidor. — Précieuses productions — Des vaisseaux délabrés. — La Victoria. — Un oiseau monstrueux. — Le Cap des Tempêtes. — Del Cano rentre en Espagne avec la Victoria.

Le beau-frère de Magellan, Barbosa, et Serrano furent appelés, par leurs compagnons, au commandement de la flotte, que d'autres catastrophes n'allaient pas tarder à frapper.

L'esclave de Magellan, qui jusqu'alors avait servi d'interprète et qui avait été légèrement blessé pendant le combat, restait à l'écart, étendu sur sa natte, et depuis la mort de son maître, il ne rendait plus aucun service aux Espagnols.

Barbosa lui rappela qu'il n'était pas devenu libre par la mort de Magellan et lui fit des représentations trop vives. Profitant d'un moment où il n'était pas observé, l'esclave disparut, se rendit auprès du roi de Zébu et lui fit entendre qu'il serait facile d'attirer les Espagnols dans quelque piège, de les y faire périr et de s'emparer de toutes leurs marchandises et de toutes leurs provisions.

Il n'en fallut pas davantage pour éveiller la cupidité de l'indigène. dont la conversion n'avait été qu'un acte de faiblesse. Il convoqua les Européens à une assemblée solennelle, sous prétexte de leur remettre les riches présents qu'il destinait à l'empereur. Barbosa et vingt-sept de ses compagnons, sans défiance, furent assaillis à l'improviste pendant un festin et tous massacrés. Seul, Serrano fut amené, solidement garrotté, au bord de la mer, en présence des Espagnols qui étaient restés sur les vaisseaux. Il les supplia de le racheter et de le soustraire au sort qui l'attendait ; mais sur les conseils de Carvalho, redoutant d'être attaqué pendant les négociations, ils mirent à la voile et gagnèrent l'île de Bohol, abandonnant à la férocité des indigènes le chef qu'ils s'étaient choisi.

Trop peu nombreux pour gouverner trois vaisseaux, les Espagnols brûlèrent la *Concepcion*, après avoir transbordé son chargement sur les autres navires.

Ils côtoyèrent l'île de Panilongo, s'arrêtèrent à Butuan, qui fait partie de l'île magnifique de Mindanao, touchèrent à Paloan, véritable terre promise, où ils s'approvisionnèrent de chèvres, de cochons, de poules, de bananes, de cannes à sucre, de riz et de noix de coco. Ils gagnèrent ensuite Bornéo, centre important de la civilisation malaise, où ils se trouvèrent en contact avec des peuples riches qui les reçurent avec magnificence.

Des éléphants couverts de soie les amènent à la maison du gouverneur, pendant que douze hommes portent les présents destinés au rajah. Ils sont reçus dans des salles tapissées de draps d'or, remplies de courtisans et de gardes armés de poignards.

Ils aperçoivent le rajah à qui leur requête est transmise, en passant successivement, au moyen d'une sarbacane placée dans un trou de la muraille, par la bouche de trois seigneurs les plus élevés en dignités. Ils sont ensuite ramenés à leurs vaisseaux en grande cérémonie.

La capitale est bâtie sur pilotis ; et, au moment de la marée montante, les femmes qui vendent des denrées, traversent la ville dans des barques.

Le 29 juillet, les vaisseaux étaient entourés par plus de cent pirogues ; en même temps, des jonques levaient l'ancre pour se rapprocher.

Craignant une trahison, les Espagnols firent une décharge d'artillerie qui tua beaucoup de monde. Cependant, le roi leur expliqua que sa flotte n'était pas dirigée contre eux et leur fit des excuses.

En quittant Bornéo, les navigateurs cherchèrent un endroit convenable pour radouber leurs vaisseaux ; ils ne leur fallut pas moins de quarante-deux jours pour accomplir cette besogne.

« Ce que j'ai trouvé de plus étrange dans cette île, raconte Pigafetta, ce sont des arbres dont les feuilles qui tombent sont animées. Ces feuilles ressemblent à celles du mûrier, si ce n'est qu'elles sont moins longues ; leur pétiole est court et pointu, et, près du pétiole, d'un côté et de l'autre, elles ont deux pieds. Si on les touche, elles s'échappent ; mais elles ne rendent point de sang quand on les écrase. J'en ai gardé une dans une boîte pendant neuf jours : quand j'ouvrais la boîte, la feuille s'y promenait tout à l'entour ; j'estime qu'elles vivent d'air. »

Les enfants ne purent s'empêcher d'observer que Pigafetta avait voulu abuser de la crédulité de ses lecteurs, et que ses feuilles animées n'avaient jamais existé que dans l'imagination du voyageur.

— Vous vous trompez, mes enfants, reprit le maître : Le curieux animal que Pigafetta a décrit, d'une façon un peu naïve, il est vrai, est bien connu, aujourd'hui, sous le nom vulgaire de *mouche-feuille*. C'est la *mormolyce-feuille* des naturalistes, à qui sa forme et sa couleur permettent de dissimuler sa présence et d'échapper facilement aux atteintes de ses ennemis. C'est ainsi que la robe de beaucoup d'animaux s'harmonise admirablement avec le milieu dans lequel ils sont appelés à vivre, que le lièvre et la perdrix se confondent avec le sillon, que le tigre devient presque invisible dans la jungle, et que l'un de vous prenait, il y a quelque temps, pour une petite branchette de pêcher, une mante dont la parfaite immobilité rendait l'illusion complète.

La tête intelligente qui avait conçu l'expédition, la main puissante qui l'avait conduite, manquaient maintenant au reste de l'escadre, et les matelots, se faisant pirates, s'emparèrent de plusieurs jonques dont ils forcèrent les équipages à payer de fortes rançons.

Ils arrivèrent dans l'archipel des Soulou, véritable repaire de forbans, puis à Mindanao, qu'ils avaient déjà visitée. Ils savaient, en effet, que les Moluques vers lesquels tendaient tous leurs efforts, se trouvaient dans les environs. Enfin, après avoir encore erré pendant quelque temps et visité un grand nombre d'îles, ils découvrirent l'archipel tant désiré ; et ils débarquèrent bientôt à Tidor, sans souci des fables effrayantes que les Portugais avaient répandues dans le but évident d'éloigner leurs concurrents.

Ils avaient atteint le but de leur voyage, mais combien l'escadre avait changé d'aspect !

Dès qu'il eut connaissance de l'arrivée des Espagnols, le souverain de Tidor vint à leur rencontre, et les fit monter dans sa pirogue. Assis sous un parasol de soie qui le couvrait entièrement, il avait devant lui un de ses fils qui tenait le sceptre royal, et deux serviteurs qui portaient chacun un vase plein d'eau pour laver ses mains, pendant que deux autres lui présentaient de petits coffrets dorés remplis de bétel.

Les Espagnols l'invitèrent à venir sur leurs bâtiments, où il fut reçu avec les plus grands égards; on le chargea de présents qui lui parurent très précieux, en même temps que des cadeaux étaient distribués aux personnes de sa suite.

« Ce roi, dit Pigafetta, est maure ; il est âgé d'à peu près quarante-cinq ans ; il est assez bien fait et d'une belle physionomie. Ses vêtements consistaient en une chemise très fine, dont les manches étaient brodées en or ; une draperie lui descendait de la ceinture jusqu'aux pieds ; un voile de soie couvrait sa tête, et sur ce voile, il y avait une guirlande de fleurs. Son nom est rajah-sultan Manzor. »

Dès le lendemain, après une longue entrevue avec les chefs de l'escadre, le rajah exprima le désir de se mettre avec sa famille, ses sujets et ses îles de Tidor et de Ternate, sous la protection de l'Espagne.

On a souvent appliqué la dénomination générale de Moluques, non-seulement aux îles de Gilolo, Ternate, Tidor, Mornay, Batchian et Misal, qui forment l'archipel proprement dit, mais encore aux groupes de Banda et d'Amboine.

Soulevées, bouleversées par un grand nombre de commotions et de tremblements de terre, ces îles renferment beaucoup de volcans, la plupart éteints depuis longtemps. L'air brûlant est rafraîchi par des pluies fréquentes.

Les productions naturelles du sol sont extrêmement précieuses : Le sagoutier, l'igname, le mûrier, le giroflier, le muscadier, le poivrier et tous les arbres à épices y croissent spontanément. Les forêts renferment l'ébène, le bois de fer, le tek et beaucoup d'autres essences précieuses.

A l'époque du voyage des Espagnols, les animaux domestiques n'étaient qu'en petit nombre dans cette contrée. Parmi les bêtes sauvages les plus curieuses, on comptait le babiroussa, espèce de sanglier qui tient à la fois du cerf et du rhinocéros ; l'opossum, sorte de sarigue plus grande qu'un écureuil ; le phalanger, le tarsier, etc. Les perroquets, les cacatoès, les oiseaux de paradis, les martins pêcheurs, les casoars et un grand nombre de brillants oiseaux de toutes sortes peuplaient les bois et les plaines.

Les Espagnols obtinrent des renseignements

curieux d'un Portugais établi depuis longtemps aux Moluques et qui s'embarqua avec eux quand il leur vit faire leurs préparatifs de départ. Le 12 novembre, furent débarquées les marchandises destinées à faire des échanges ; l'origine de ces richesses était suspecte : la plupart provenaient de quatre jonques dont les voyageurs s'étaient emparés par la violence dans les environs de Bornéo. Néanmoins leur commerce fut avantageux et l'eût été bien plus encore s'ils n'avaient pas été aussi pressés de repartir pour l'Espagne. Des embarcations de Gilolo et de Bachian vinrent aussi trafiquer avec eux, et ils reçurent du rajah de Tidor une provision considérable de clous de girofle.

Manzor les invita à un grand banquet ; mais ils refusèrent, se souvenant de la trahison dont ils avaient été l'objet aux Philippines.

Dès que le chargement fut complet, ils mirent à la voile ; mais à peine eurent-ils pris la mer qu'il s'ouvrit dans la cale de la *Trinidad* une voie d'eau considérable ; il fallut se hâter de regagner Tidor. Le roi mit à leur disposition d'habiles plongeurs qui ne purent parvenir à découvrir la voie d'eau ; il fallut décharger en partie le navire pour faire les réparations nécessaires. Les matelots de la Victoria, impatients de revoir l'Europe, ne voulurent pas attendre leurs compagnons ; ils comprenaient, du reste, que la Trinidad ne serait pas en état de rentrer en Espagne.

Il fut décidé qu'elle gagnerait le Darien où sa précieuse cargaison serait déchargée et transportée à travers l'isthme, jusqu'à l'Atlantique, où un bâtiment viendrait la prendre. Mais ce bâtiment et ceux qui le montaient ne devaient jamais revoir l'Espagne.

Commandé par l'alguasil Espinosa, qui avait pour pilote Juan de Carvalho, le navire était en si mauvais état qu'il fut contraint de relâcher à Ternate, et l'équipage, composé de dix-sept hommes, fut emprisonné par les Portugais.

Aux réclamations d'Espinosa, on lui répondit en le menaçant de le pendre à une vergue. Le malheureux fut envoyé à Lisbonne, où avec deux autres Espagnols, seuls restes de l'équipage de la *Trinidad*, il demeura enfermé pendant sept mois dans la prison de Limoeiro.

Pendant que se passaient ces évènements, la *Victoria*, richement chargée, avait quitté

Tidor, sous le commandement de Juan-Sebastien del Cano. Son équipage était composé de cinquante-trois Européens et de treize Indiens.

Passant au milieu d'un grand nombre d'îles, laissant à l'ouest celle de Batutiga, et gouvernant vers le sud-ouest, la Victoria s'arrêta à Xula. A dix lieues de là, le navire mouilla à Bourou pour se ravitailler. Il s'arrêta encore trente-cinq lieues plus loin, à Banda, où l'on trouve le macis et la noix muscade, puis à Solor, où avait lieu un grand trafic de bois de sandal. Les Espagnols restèrent quinze jours dans cette nouvelle résidence pour radouber le bâtiment qui avait beaucoup souffert; ils relâchèrent ensuite à Timor pour se ravitailler; un peu plus loin ils touchèrent à Java.

Pigafetta parle d'un oiseau gigantesque, l'épyornis, qui vivait dans la contrée. La légende relative à ce monstrueux volatile avait toujours été reléguée dans le domaine du merveilleux, lorsque, vers 1850, on a retrouvé à Madagascar des ossements et des œufs d'épyornis.

« Au nord de Java Majeure, dit Pigafetta, dans le golfe de la Chine, il y a un très grand arbre appelé *campanganghi*, où perchent certains oiseaux, dits *garula*, si grands et si forts qu'ils enlèvent un buffle et même un éléphant et le portent en volant à l'endroit de l'arbre appelé *Puzathaer*. »

C'est le même oiseau qui, sous le nom de *rock*, a, depuis la plus haute antiquité, joué un rôle merveilleux dans la plupart des contes arabes et persans.

Bientôt la *Victoria* doubla la presqu'île de Malacca ; puis, dans le but d'éviter les établissements portugais, del Cano fit route en pleine mer, et eut à subir pendant neuf semaines des vents d'ouest et de nord-ouest qui finirent par une affreuse tempête. Le navire avait plusieurs voies d'eau ; les viandes non salées étaient corrompues; l'équipage n'avait plus pour boisson et pour nourriture que de l'eau et du riz.

Enfin, le cap des Tempêtes fut doublé le 6 mai et l'on pouvait, dès lors, espérer la favorable issue du voyage. Mais les navigateurs n'étaient pas à bout de leurs peines : En deux mois vingt et un hommes périrent de fatigues et de privations; et ils seraient tous mort de faim s'ils n'avaient pu, le 9 juillet, prendre terre dans l'une des îles du Cap-Vert, à Santiago. On raconta qu'on venait d'Amérique, cachant soigneusement la nouvelle route découverte; mais un matelot ayant eu l'imprudence de dire que la *Victoria* était le seul débri de l'expédition de Magellan, les Portugais se saisirent de l'équipage d'une chaloupe et se disposèrent à attaquer le navire espagnol.

Del Cano, soupçonnant que quelque chose se tramait contre la *Victoria*, fit mettre à la voile, laissant treize hommes entre les mains des Portugais.

« Pour voir si nos journaux étaient bien tenus, raconte Pigafetta, nous fîmes demander, à terre, quel jour de la semaine c'était. On répondit que c'était jeudi, ce qui nous surprit, parce que, suivant nos journaux, nous n'étions qu'au mercredi. Nous ne pouvions nous persuader de nous être trompés d'un jour; j'en fus moi-même plus étonné que les autres, parce qu'ayant toujours été assez bien portant pour tenir mon journal, j'avais, sans interruption, marqué les jours de la semaine et les quantièmes du mois. Nous apprîmes ensuite qu'il n'y avait point d'erreur dans notre calcul, parce qu'ayant toujours voyagé vers l'ouest, en suivant le cours du soleil, *et étant revenus au même point*, nous devions avoir gagné vingt-quatre heures sur ceux qui étaient restés en place ; et il ne faut qu'y réfléchir, pour en être convaincu. »

Ayant rapidement gagné la côte d'Afrique, del Cano entra, le 6 septembre, dans la baie de San-Lucar de Barrameda, avec un équipage de dix-sept personnes, presque toutes malades ; deux jours plus tard, la Victoria jetait l'ancre devant Séville, *après avoir, en entier, accompli le tour du monde.*

Sébastien del Cano s'empressa de se rendre à Valladolid, où était la cour ; il reçut de Charles-Quint l'accueil que méritaient son courage et sa persévérance. Le hardi marin fut doté d'une pension de cinq cents ducats et obtint la permission de prendre des armoiries représentant un globe avec cette devise : « *Primus circumdedisti me.* »

Il mourut peu de temps après, pendant qu'il commandait une nouvelle flotte expédiée par Charles-Quint aux îles Moluques.

Quant à la *Victoria*, elle eut le sort de toutes choses ici-bas. Longtemps conservée dans le port de Séville, elle fut entourée des plus grands soins, mais finit par périr de vétusté.

VI

LA TERRE SUSPENDUE

Une boule énorme. — La terre et l'eau. — La terre isolée dans l'espace. — Atlas. — Légende. — Moralité. — Le ciel. — Position sur la terre. — La tête en bas. — La pesanteur. — Expérience. — Lois de l'attraction. — Newton; sa biographie; ses travaux.

Vous savez maintenant, mes amis, que la terre est une grosse boule de 10,000 lieues de circonférence, et qu'en raison de son immensité, les inégalités des terrains ne peuvent l'empêcher d'être ronde.

Les eaux de la mer couvrent environ les deux tiers de sa surface; des ruisseaux, des rivières et des fleuves la sillonnent de toutes parts. C'est elle qui est notre mère nourrice; elle produit tout ce qui est nécessaire à notre existence. Les êtres innombrables qui la peuplent étalent sur tous les points le spectacle de la vie.

Ses entrailles renferment d'inépuisables

richesses : On trouve, en fouillant le sol, l'or, l'argent, les diamants, les pierres précieuses. On extrait de son sein les pierres dont nos maisons sont construites ; le fer, plus utile que l'or et les diamants, dont on fabrique les outils de l'artisan et ceux du laboureur, la houille qui alimente nos foyers et la fournaise du forgeron.

— Je comprends maintenant, dit Raoul, que la terre est ronde ; mais nous voudrions bien savoir, mes camarades et moi, sur quoi cette grosse boule est appuyée.

— Cette boule, mon enfant, n'est appuyée sur rien du tout ; elle est isolée dans l'espace ; elle ne touche à rien, pas plus que les petits ballons rouges ou bleus que vous vous amusez à voir s'élever au-dessus de vos têtes, pas plus que les bulles de savon que vous soufflez avec une paille.

Dans cette étendue où flotte la terre, il n'y a absolument rien de matériel pour la soutenir ; c'est l'immensité, l'infini, le vide ; c'est le ciel !...

En vain vous demanderiez-vous comment elle peut rester suspendue en l'air sans aucun appui. Levez les yeux au ciel et regardez cette multitude de globes qui roulent dans l'espace. La force qui les soutient nous est inconnue ; nous en voyons seulement les effets, et les savants ont calculé les lois immuables d'après lesquelles ces effets ont lieu.

Seriez-vous beaucoup plus avancés si, d'après le système d'Homère, vous supposiez la terre placée sur une colonnade gardée par Atlas ?

— Non sans doute, reprit Jules, car il faudrait que la colonnade fût appuyée sur quelque chose.

— Voudriez-vous, monsieur, demanda André, nous dire ce qu'était Atlas?

— C'est une histoire, ou plutôt une fable que vous désirez, car l'histoire d'Atlas n'est pas plus vraie que celle de la colonnade qui supportait la terre : Je veux bien, cependant, satisfaire votre curiosité :

Titan, fils aîné d'Uranus (le ciel), avait cédé à Saturne, son frère, l'empire du monde, mais en réservant à ses enfants leurs droits au trône et en stipulant que Saturne dévorerait ses enfants mâles, dès leur naissance.

Saturne exécutait fidèlement le traité et avait déjà dévoré consciencieusement Pluton et Neptune, ses fils, lorsque Cybèle (la terre) le trompa lors de la naissance de Jupiter, en substituant au nouveau-né une pierre que le Dieu engloutit, sans s'apercevoir de la supercherie. . . . .

L'instituteur fut arrêté dans son récit par la gaîté de ses jeunes auditeurs, qui ne purent s'empêcher de faire quelques commentaires sur le féroce appétit de Saturne.

Leur incrédulité se manifesta plus bruyante encore, quand ils apprirent qu'à l'aide d'un puissant breuvage, Cybèle avait pu tirer des entrailles de Saturne Pluton et Neptune, innocentes victimes d'un abominable traité.

Titan, instruit de l'existence des trois enfants, détrôna Saturne et le jeta dans une prison. Jupiter, resté libre, et âgé seulement d'un an, parut armé de la foudre, précipita dans le Tartare les Titans qui se croyaient déjà vainqueurs, et remit le captif sur le trône.

— Mais, dans tout cela, dit Jules, je ne vois pas qu'il soit question d'Atlas.

— Un peu de patience, mon enfant, et vous serez bientôt satisfait. Tous ces récits mythologiques sont assez embrouillés, et il m'eût été difficile de vous faire comprendre le sort d'Atlas sans les explications qui précèdent.

Atlas était un roi de Mauritanie qui, au lieu de s'occuper tranquillement de gouverner ses sujets, eut l'imprudence de se mêler aux querelles des dieux. Il prit fait et cause pour les Titans contre Jupiter, et il ne tarda pas à éprouver la vengeance du vainqueur. Transformé en montagne, il fut condamné à porter le ciel sur ses puissantes épaules.

Cette fable vous a égayé, mes amis; mais, nous pourrons en tirer cette conclusion morale : C'est qu'il est toujours dangereux de se mêler aux querelles des grands et des puissants.

La plupart de ces mythes ont en même temps une signification : Suivant les uns, la fable d'Atlas vient de ce que ce roi s'occupait beaucoup d'astronomie et se livrait avec ardeur à l'étude du ciel, de la terre et des astres. Suivant d'autres, elle a pour point de départ la situation du mont Atlas, que les anciens regardaient comme la plus haute montagne du globe et qui, croyaient-ils, touchait au ciel.

Les Scandinaves éprouvaient, comme les

Grecs, le besoin de donner à la terre un appui: Ils la supposaient maintenue par neuf piliers.

Les adorateurs de Brahma ne voyaient rien de mieux que de la placer sur le dos de quatre gigantesques éléphants.

Mais toujours l'objection que Jules faisait tout à l'heure se présente à l'esprit : Sur quoi sont bâties les colonnes ?.. Où les éléphants trouvent-ils leur point d'appui ?..

Malgré les découvertes de la science, il faut toujours que notre pensée s'arrête, que notre imagination recule épouvantée devant l'infini qui nous environne de toutes parts. . . . . .

Notre terre flotte donc dans le ciel, dans cet espace noir et sans fond que nous apercevons la nuit à travers l'atmosphère transparente, et où nous voyons briller une quantité innombrable d'étincelles qui sont les étoiles.

Nous sommes placés à sa surface comme la mouche qui fait le tour de la citrouille, comme la fourmi qui exécute sur le globe de l'école le voyage de Magellan.

— Mais comment, demanda Raoul, les hommes et les animaux qui sont au-dessous de nous, du côté opposé de la terre, peuvent-ils se maintenir, puisqu'ils ont la tête en bas ?

Comment l'eau de la mer, des fleuves et des rivières ne tombe-t-elle pas dans le vide ?

— Pour ceux-là, comme pour nous, le bas, c'est le sol où sont posés leurs pieds ; le haut, c'est le ciel qui est au-dessus de leur tête : ou plutôt, les expressions haut et bas sont purement conventionnelles, car la situation des animaux ou des hommes est la même sur tous les points du globe.

La force qui nous maintient ainsi, c'est la pesanteur qui attire tous les corps vers le centre de la terre. Notre globe agit sur nous, sur les animaux, sur les cailloux qui sont à sa surface, sur l'eau des mers, des rivières et des fleuves comme le barreau d'acier aimanté qui attire à lui de la limaille, de petits morceaux de fer, des aiguilles. Ces corps y demeurent fixés, qu'ils soient placés au-dessus ou au-dessous de l'aimant ; ils ne tombent pas parce que l'aimant qui les a attirés les retient en les attirant encore.

Je soulève cette pierre que je trouve pesante parce qu'elle est attirée par la terre ; je suis obligé de faire un certain effort pour l'empêcher d'aller en bas, c'est-à-dire de tomber. Dès que je la lâche, elle tombe, en effet, et se dirige vers la terre par le chemin le plus droit et le plus court, suivant une direction qui s'appelle la *verticale*. S'il était possible de creuser dans la continuation de cette ligne un puits allant jusqu'au centre de la terre et qu'on y laissât tomber la pierre, cette pierre continuerait sa marche et ne s'arrêterait qu'au fond du puits.

Et, puisqu'en chaque endroit de la terre le même phénomène se produit toujours de la même manière, il faut bien en conclure que tous les corps sont attirés de toutes parts vers le centre de la terre, et que toujours le bas est vers le sol où se posent nos pieds, et le haut du côté opposé, c'est-à-dire vers le ciel.

Nos *antipodes*, c'est-à-dire les peuples dont les pieds sont directement opposés aux nôtres, devraient, en faisant le raisonnement qui nous a conduit à ces explications, croire, comme le disait tout à l'heure Raoul, que, de notre côté, nous avons la tête en bas.

Et maintenant, vous comprendrez pourquoi la terre elle-même se maintient dans l'espace, pourquoi elle ne tombe pas. C'est en vertu des lois de l'attraction que Newton, qui les a découvertes et démontrées, a comprises dans cette simple et magnifique formule : « A une distance finie, tous les corps de la nature s'attirent l'un l'autre en raison directe des masses et en raison inverse du carré des distances. »

La terre, comme tous les astres, peut cheminer dans le ciel, emportant dans son mouvement ses habitants, ses mers et ses fleuves, l'atmosphère qui l'environne et dont nous n'avons pas encore parlé.

— Voudriez-vous, Monsieur, demanda Jules, nous dire ce qu'était Newton ?

— Volontiers, mon enfant, et je serai toujours heureux de vous faire connaître les grands génies dont l'humanité s'honore, et dont les sublimes découvertes nous pénètrent d'admiration et de reconnaissance.

Newton Isaac, illustre savant anglais, naquit en 1642, à Woolstrope, près de Grantham, dans le comté de Lincoln. Il montra de bonne heure une étonnante application à l'étude, et un goût prononcé pour la mécanique et les mathématiques.

Sa mère, restée veuve, voulait le garder près d'elle, et le destinait à gérer ses propriétés ; mais reconnaissant qu'il était peu propre à cet emploi, elle le laissa libre de suivre son penchant. Envoyé, à dix-huit ans, à l'université de Cambridge, il y reçut les leçons d'un célèbre professeur, qu'il ne tarda pas à surpasser ; et il avait fait, à vingt-trois ans, la plupart des découvertes qui devaient le couvrir de gloire.

Bientôt contraint de quitter Cambridge pour fuir la peste, il se retira dans le domaine de Woolstrope où il était né : C'est là que voyant une pomme tomber devant lui, il conçut, à l'occasion de ce fait si vulgaire, si simple en apparence, la première idée de la gravitation universelle et du système du monde.

Il fut, en 1667, nommé associé du collège de la Trinité, à Cambridge, et succéda, deux ans plus tard, à son ancien professeur, dont il occupa la chaire jusqu'à 1695.

A trente ans, il fut admis à la Société royale de Londres et communiqua à ses collègues une partie de ses travaux. Les tracasseries qu'il éprouva de la part d'un des membres qui, par jalousie, lui disputait l'honneur de ses découvertes, le déterminèrent pendant longtemps à garder le silence.

Elu pour représenter l'Université de Cambridge à la Chambre des Communes, il ne se fit nullement remarquer dans la carrrière politique : Toutes ses facultés puissantes étaient absorbées par la science.

En 1692, un incendie dévora une partie de ses papiers : La contrariété qu'il éprouva, jointe à une trop grande contention d'esprit, apporta le désordre dans son intelligence si brillante ; sa raison se troubla un instant ; depuis cette époque il ne fit aucune découverte nouvelle et s'occupa simplement de publier les résultats de ses travaux antérieurs.

Chargé par le gouvernement anglais de la refonte des monnaies, il eut d'abord le titre de garde, puis celui de directeur de la monnaie, position qui lui assura une existence indépendante.

L'Académie des sciences de Paris le nomma associé étranger ; la Société royale de Londres le choisit pour son président, et il garda ce titre jusqu'à sa mort, arrivée en 1727.

Il s'était placé au premier rang des mathématiciens, des physiciens et des astronomes.

Ses principaux titres de gloire sont : La décomposition de la lumière et la découverte des principales lois de l'optique ; la découverte de la gravitation universelle, propriété en vertu de laquelle, ainsi que je vous le disais il y a un instant, tous les corps s'attirent en raison directe de leur masse et en raison inverse du carré des distances. C'est ainsi qu'il expliqua à la fois, par cette loi unique, le mouvement des planètes autour du soleil, celui de la lune autour de la terre, le cours des comètes, le flux et le reflux de la mer.

On lui doit aussi l'invention du télescope qui porte son nom et une foule de solutions et de théories aussi remarquables par l'élégance que par la rigueur.

D'une patience infatigable, d'une persévérance à toute épreuve, il poursuivait sans relâche la solution des questions les plus ardues. A ceux qui lui demandaient comment il avait réalisé ses grandes découvertes, il répondait simplement : « En y pensant toujours. »

VII

MOUVEMENTS DE LA TERRE

Une promenade. — Le lever du soleil. — Un globe de feu 1,400,000 fois plus gros que la terre. — Orientation. — Les points cardinaux. — Marche apparente du soleil — La terre tourne. — Illusion. — Les pôles. — Le méridien. — L'Equateur. — Démonstration du mouvement de la terre. — Comparaisons. — Suppositions absurdes. — Galilée.

Depuis plusieurs jours la température était exceptionnellement chaude. L'instituteur avait promis, pour le jeudi suivant, une bonne promenade à ses élèves, mais il avait été convenu qu'on partirait dès l'aurore, afin d'être de retour avant la grande chaleur.

On était arrivé sur la colline voisine lorsque le ciel commença à s'éclairer du côté de l'orient, à mesure que les étoiles paraissaient s'éteindre une à une.

De légers nuages roses, traversés de temps en temps par une flèche brillante, nageaient dans une large bande de lumière. Bientôt le sommet de la colline s'illumina ; une partie du disque du soleil apparut à l'horizon ; puis l'astre tout entier se montra dans sa splendeur et vint inonder de clartés la plaine et les coteaux.

Des bruissements mystérieux partaient des touffes d'herbes humides de rosée, pendant que, dans le bois voisin, les oiseaux saluaient en chœur le retour du père de la vie.

Ce spectacle magnifique transporta de joie les enfants, dont pas un ne regrettait maintenant la petite violence qu'on avait dû lui faire pour l'arracher du lit à une heure si matinale.

Ce globe de feu, leur dit l'instituteur, qui se montre sous les apparences d'un disque moins grand qu'une meule de moulin est quatorze cent mille fois plus gros que la terre.

S'il nous paraît si petit, c'est qu'il est à trente-cinq millions de lieues de nous; et il vous est difficile de vous faire une idée de cette distance qu'un boulet de canon mettrait dix ans à parcourir!

Il faudrait 320 années pour aller de la terre au soleil, à une locomotive qui ferait 50 kilomètres à l'heure.

C'est ce globe énorme qui, en vertu des lois de la gravitation et de l'attraction, soutient et attire notre terre; c'est lui qui nous distribue les jours, les années, les saisons.

C'est encore lui qui verse sur notre planète la lumière, la chaleur et la vie, qui donne à la fleur son éclat et son parfum, au fruit son velouté et sa saveur, qui élève dans l'atmosphère les pluies qui retombent sur nos campagnes pour les rafraîchir et les féconder, et qui dore la moisson du laboureur.

— N'est-ce pas aussi, demanda Jules, l'observation du soleil qui permet aux voyageurs de s'orienter, c'est-à-dire de suivre une direction déterminée ?

— Oui, mon enfant, on peut s'orienter en observant le soleil, et aussi à l'aide de certains moyens que je vous indiquerai plus tard.

Le côté où nous voyons le soleil se *lever*; l'endroit où il semble se détacher de la terre pour monter dans le ciel, s'appelle *est*, *orient*, ou *levant*.

Il continue d'avancer, de s'élever au-dessus de l'horizon ; déjà vous pouvez apprécier sa marche ; à midi, il aura atteint sa plus grande hauteur ; et, ce soir, vous le verrez descendre graduellement, se *coucher* derrière l'horizon, comme s'il s'enfonçait lentement dans la terre. Le point où il disparaîtra se nomme *ouest*, *occident*, ou couchant.

Si maintenant vous vous placez de manière à voir l'est, à votre droite et l'ouest, à votre gauche, vous aurez devant vous le *nord*, ou *septentrion*; et, derrière vous, le *sud*, ou *midi*.

Les quatre directions que nous avons déterminées sont celles des quatre points *cardinaux*.

Le chemin que le soleil paraît suivre dans le ciel, pendant une journée, représente une grande courbe arrondie, une partie du contour d'un cercle immense.

— Vous avez dit, Monsieur, observa Raoul, « le chemin que le soleil paraît suivre. » — Est-ce que le soleil ne le suit pas réellement? Est-ce qu'il ne tourne pas autour de la terre pour éclairer, tantôt le côté que nous habitons, tantôt le côté opposé ?

— Non, mon enfant, ce n'est pas le soleil qui tourne autour de la terre ; son mouvement n'est qu'apparent ; c'est, au contraire, la terre qui tourne réellement autour du soleil.

Votre erreur est excusable ; les anciens, les premiers observateurs se sont fait la même illusion. Il fallut bien des siècles, bien des observations, des raisonnements et des preuves pour arriver à faire pénétrer cette vérité que ce n'est pas le ciel avec le soleil, la lune et les étoiles qui tourne autour de la terre, mais bien notre planète qui, à la manière d'une toupie, tourne sur elle-même, en même temps qu'elle exécute un autre mouvement autour du soleil.

A la simple vue, il semble, en effet, que le soleil, la lune et les étoiles dont la voûte céleste est parsemée se meuvent d'orient en occident, en décrivant des portions de cercle. Si l'on observe ce mouvement avec attention, il paraît se faire autour d'un point qui, seul, est immobile : ce point a reçu le nom de *pôle*, c'est-à-dire *pivot*. L'étoile qui en est la plus voisine, et dont nous aurons l'occasion de reparler, s'appelle *étoile polaire*.

Vous comprendrez facilement que la voûte céleste s'offrant à nos regards sous l'aspect d'une sphère, il doit y avoir, dans la moitié qui est invisible pour nous, un autre point immobile et qui est le *pôle austral*, tandis que celui que nous voyons a été nommé le *pôle boréal*.

La ligne imaginaire qui passe par ces deux points et par le centre du monde, s'appelle *l'axe* du monde, d'un mot grec qui signifie *essieu*. Cette ligne supposée, passant à travers notre globe, en forme également l'axe, et marque sur la surface de la terre deux points, correspondant aux deux pôles du ciel, et qu'on nomme les pôles terrestres.

Celui qui répond à notre étoile polaire s'appelle le *pôle septentrional*, ou le *pôle nord*, ou encore le *pôle arctique* ; l'autre, celui qui nous est opposé, se nomme le *pôle austral*, *pôle sud*, *pôle antarctique*.

Le point de l'horizon qui répond au pôle nord, est le nord ou septentrion ; du côté opposé se trouve le sud ou midi. Si nous concevons un cercle passant par ces deux points et dont le plan soit perpendiculaire à l'horizon, il passera nécessairement par les pôles, et ce sera celui qui est appelé *méridien*. Il partagera en deux parties égales l'hémisphère céleste visible, en sorte que les astres, au moment où ils se trouvent sur ce cercle, sont au milieu de leur course apparente ; et, lorsque le soleil passe par le même cercle, il marque l'instant du *midi*.

Disons tout de suite que la terre n'est pas une sphère parfaite, qu'elle est un peu aplatie, ou plutôt déprimée vers les pôles et renflée vers *l'équateur*, c'est-à-dire vers la ligne imaginaire qui ferait le tour de la terre en passant à égale distance des deux pôles.

Eh bien ! tout ce mouvement du ciel, d'orient en occident, n'est qu'apparent ; et c'est la terre qui, en tournant d'occident en orient nous communique cette illusion.

— Tout cela, dit Jules, est bien extraordinaire !

— Extraordinaire, en effet, reprit l'instituteur ; et que de difficultés on a éprouvées pour substituer une idée juste à une idée fausse ! Lorsqu'un grand savant, Galilée, voulut démontrer le mouvement de la terre, on déclara ses observations absurdes, on le persécuta, et au lieu de chercher, avec lui, à se pénétrer de la vérité de sa découverte, on le jeta en prison !..

Et cependant cette chose obscure, impossible, est vraie : La terre tourne ! elle marche avec une effrayante vitesse ; ce sol que nous sentons ferme sous nos pieds se meut ; les champs, les forêts, les maisons, les villages et les villes sont emportés avec nous-mêmes, avec tout ce qui nous entoure, avec l'air qui nous environne !..

— Mais si tout cela était vrai, dit André, nous sentirions le mouvement ; nous aurions le vertige ; nous verrions tout tourner autour de nous !..

— Il vous est arrivé, n'est-ce pas, de descendre en bateau le cours de la rivière. Ne vous souvient-il pas que les arbres de la rive semblaient courir en se rapprochant de vous, tandis que c'était le bateau qui marchait à leur rencontre ? Le même phénomène se produit quand vous suivez en voiture une route plantée d'arbres. En chemin de fer, l'effet est plus curieux encore. Pendant que le wagon roule, s'il est fermé ou si vous regardez seulement à l'intérieur, les personnes et les objets qu'il emporte avec vous vous paraissent immobiles ; rien ne vous fait apercevoir que vous changez de place ; et, sans les petites secousses que vous éprouvez de temps en temps, vous croiriez que la voiture s'est arrêté.

Ouvrez la portière et regardez au-dehors : ce sera tout autre chose ! Les champs, les arbres, les villages, les poteaux du télégraphe accourent au-devant de vous ; il vous semble que, de même, toute la campagne roule et tourbillonne. Vous savez pourtant que la campagne, les champs et les arbres ne changent pas de place et que tout cela n'est qu'une illusion. En voyant les objets qui s'avancent et qui bientôt vont fuir, vous comprenez que c'est vous qui avancez et qui les dépassez.

Ceux d'entre vous qui sont montés sur les chevaux de bois ont vu, en regardant autour d'eux, les maisons, la place, les spectateurs tourner en sens contraire avec une rapidité qui donne à quelques-uns le vertige : C'est encore une illusion comme celle qui nous fait croire que le soleil tourne, quand c'est la terre qui exécute le mouvement contraire.

Si, comme vous l'avez cru tout d'abord, la terre était immobile, il faudrait que le soleil, avec tout son cortège d'astres, tournât autour d'elle en vingt-quatre heures. Mais, vous le savez, le soleil est 1,400,000 fois plus gros que la terre et il en est éloigné de 35,000,000 de lieues ; les étoiles sont au moins aussi grosses que le soleil, et il y en a des millions ! La terre, au contraire, par rapport au reste de l'univers, n'est qu'un grain de sable, ou plutôt un atome presque imperceptible, et vous voudriez que tout cet immense appareil tournât autour de notre petite boule

Ce serait comme si l'enfant, fièrement campé sur son cheval de bois, s'imaginait que les spectateurs, la place publique, les maisons, toute la ville tournent autour de lui et qu'il reste immobile ; ou encore, ainsi que l'a dit un spirituel écrivain, ce serait comme l'individu qui veut faire rôtir une alouette, et qui, au lieu de la tourner devant le feu, fait tourner le feu devant l'oiseau !..

Mais ce n'est pas tout : A cause de sa distance de la terre, le soleil devrait, pour accomplir son tour en vingt-quatre heures, parcourir plus de 100,000 lieues par minute !! Et les étoiles, beaucoup plus éloignées, devraient tourbillonner avec une vitesse de plusieurs milliards de lieues par seconde !!

. . . .

Tout cela est insensé et contraire à la raison.

Admettons, au contraire, que la terre tourne, et tout devient simple et naturel ; les apparences, nous le savons, restent les mêmes, mais tout s'explique facilement. La terre tourne, nous tournons avec elle, et nous ne nous apercevons pas du mouvement, parce que le sol, les maisons, les arbres, l'atmosphère, les nuages tournent avec nous. C'est comme dans la voiture fermée où rien ne paraît changer de place à nos yeux. Nous ne sentons pas la marche de la terre parce qu'elle se meut sans bruit, sans secousse, d'un mouvement tranquille et régulier, plus doux que celui de la barque qui glisse sur l'eau paisible.

Mais si, au lieu de regarder ce qui est sur la terre, nous regardons le ciel, le soleil, les étoiles, ils nous paraissent tourner en sens contraire, comme les arbres et les champs que nous voyons fuir quand nous regardons par la portière de la voiture.

— Est-ce que, demanda Raoul, vous ne nous parlerez pas de Galilée, qui a découvert que la terre tourne ?

— Nous avons encore bien des choses à dire sur les conséquences des mouvements de la Terre ; mais, avant de continuer, je veux bien vous retracer en quelques mots la biographie du savant Italien.

Galilée, né en 1564, à Pise, d'une famille noble, mais pauvre, fut destiné, par son père, à la médecine. Il ne tarda pas à abandonner cette étude, qui n'était pas dans ses goûts, pour se livrer avec ardeur à celles des sciences mathématiques vers lesquelles l'entraînait un penchant naturel. Il y fit de tels progrès que dès l'âge de vingt-quatre ans il fut, par la protection des Médicis, nommé professeur de mathématiques à l'Université de Pise; et jamais faveur ne fut mieux justifiée.

Inquiété dans cette ville à cause de la hardiesse de ses idées en physique qui étaient contraires aux doctrines reçues, il résigna sa chaire au bout de quatre ans ; mais il fut, peu après, nommé professeur à Padoue, où il obtint de grands succès : C'est là qu'il fit ses découvertes les plus importantes. Après y avoir enseigné une vingtaine d'années, il vint, sur les instances du grand duc de Toscane, se fixer à Florence, et il jouit, auprès du prince, d'une faveur bien méritée. Mais la fin de sa vie fut empoisonnée par des tracasseries et des persécutions qu'on ne peut expliquer que par l'ignorance de l'époque.

Tout le monde croyait alors que le soleil tournait autour de la terre. Galilée eut la témérité de publier un ouvrage dans lequel il exposait, selon Copernic, que le soleil est immobile et que la terre tourne. Il se vit, en 1633, dénoncé au tribunal de l'inquisition de Rome et accusé d'être en contradiction avec la Bible. Ses juges auraient pu, avec plus de lumière et d'impartialité, voir que la contradiction n'était qu'apparente : Cependant il fut, à l'âge de soixante-dix ans, privé de sa liberté pour un temps indéfini, et contraint d'abjurer, à genoux, les doctrines qu'il avait émises et qui devaient immortaliser son nom.

On dit qu'après avoir prononcé l'abjuration, ce grand homme ne put s'empêcher de dire à demi-voix : « *E pur si muove!* » (Et pourtant elle se meut !)

Il n'est pas vrai, du reste, qu'il ait été, comme on le croit vulgairement, plongé dans les cachots de l'inquisition, et qu'il soit mort en captivité. L'humiliation imposée à ce vieillard, à ce savant, est assez cruelle, sans qu'il soit nécessaire d'y ajouter les détails de persécutions inutiles.

On lui donna pour prison le logement même d'un des officiers supérieurs du tribunal, sous la surveillance du Saint-Office, il lui fut, quelque temps après, permis de résider dans une maison de campagne, auprès de Florence, et d'y poursuivre ses études ; néanmoins, il ne voulut plus rien publier depuis.

A l'âge de soixante-quatorze ans, il devint aveugle, et ce grand homme, si indignement traité, mourut quatre ans plus tard, en 1642.

Galilée est le véritable fondateur de la physique expérimentale ; on lui doit la découverte des lois de la pesanteur, l'invention des pendules, dont l'idée lui fut suggérée un jour par les oscillations régulières d'une lampe suspendue à la voûte de l'église de Pise; celle de la balance hydrostatique, d'un thermomètre, du compas de proportion, du télescope qui porte son nom et avec lequel il fit une foule d'observations intéressantes.

VIII

LE JOUR ET LA NUIT, LES HEURES

Expériences. — Le jour et la nuit. — Aurore; crépuscule; midi. — Successions des jours et des nuits. — Division de l'équateur. — Degrés et Méridiens. — Le Méridien de Paris. — Le jour complet. — Différence de temps entre deux pays. — Voyage imaginaire. — L'heure sur les différents points du globe.

Les fenêtres de la classe sont hermétiquement closes ; les volets sont fermés ; et les plus jeunes élèves demandent si l'on va leur donner une séance de lanterne magique.

Les plus grands, qui sont dans le secret de ces préparatifs, savent qu'il s'agit de la continuation des leçons sur le mouvement de la terre.

Sur une table ronde, placée au milieu de la classe, se trouvent une lampe allumée et un globe terrestre.

Quelques-uns d'entre vous, mes amis, dit l'Instituteur, ont assisté au magnifique spectacle du lever du soleil. Ils savent que d'abord le ciel se blanchit du côté de l'orient : c'est ce qu'on appelle l'*aube* ; cette lueur se dore peu à peu, les légers nuages qui flottent dans l'air deviennent roses : c'est l'*aurore* ou le *crépuscule du matin*. Bientôt le soleil semble sortir de terre à l'horizon ; ses rayons rasent le sol, et les ombres des objets s'allongent du côté de l'occident. Le soleil monte peu à peu en décrivant sa courbe ; l'éclat du jour devient plus vif et la chaleur plus grande, jusqu'au moment de *midi*, où l'astre est le plus haut dans le ciel. Ses rayons sont alors moins obliques, l'ombre des objets est plus courte. Bientôt, il décline du côté de l'occident ; la chaleur est moins forte ; la lumière perd graduellement de son intensité, les ombres des objets s'allongent dans une direction opposée à celle du matin. Enfin il semble toucher la terre ; ses rayons, comme le matin, rasent le sol ; les ombres sont démesurément allongées; il disparaît !...

Mais on voit au ciel, du côté de l'occident, des nuages dorés, des reflets rouges ; encore un moment et on n'aperçoit plus qu'une pâle lueur qui va s'effaçant peu à peu : C'est *le crépuscule du soir* qui va faire place à la nuit. Les étoiles commencent à se montrer; les plus brillantes d'abord, et plus tard toutes les autres.

C'est pour nous le moment du repos, pendant que d'autres peuples s'éveillent. « Par quelle inconcevable magie, a dit Châteaubriant, ce vieil astre qui s'endort fatigué et brûlant dans la pourpre du soir, est-il, en ce moment même, le jeune astre qui s'éveille, humide de rosée, dans les voiles blanchissantes de l'aube ! »

Nous allons, avec notre globe et notre lampe, répéter l'admirable phénomène qui chaque jour se passe sous nos yeux.

Voici, au milieu de notre table ronde, la lampe qui représente le soleil. Plaçons notre globe au bord de la table, en face de la lampe: un côté seulement est éclairé, celui qui est tourné vers la lumière; mais, l'autre côté reste dans l'ombre; il est obscur. Pour le côté qui est tourné vers la lampe, c'est le *jour* ; pour l'autre, c'est la *nuit*.

Si la terre restait immobile, devant le soleil également immobile, elle aurait toujours le même côté dans la lumière et le côté opposé dans les ténèbres : Ce serait pour le premier un jour sans fin, et pour le second une obscurité perpétuelle. La région de l'éternelle nuit serait bien triste, n'est-il pas vrai ?

— Oh ! oui, monsieur, reprit un des enfants ; mais il me semble qu'il serait bien fatigant aussi, d'avoir un jour qui ne finirait jamais.

— Votre remarque est judicieuse, mon enfant; heureusement, nous avons alternativement le jour et la nuit, parce que la terre n'est pas immobile, parce qu'elle tourne.

Enlevons notre globe du support sur lequel il nous apparaît incliné; tenons-le par l'aiguille qui le traverse, et présentons-le à la lampe de telle sorte que les pôles soient tous les deux à la limite de l'ombre et de la lumière ; faisons-le lentement tourner sur son axe, et nous voyons que tous les points de la sphère passent successivement et alternativement dans la partie obscure et dans la partie éclairée, dans l'ombre et dans la lumière. Remarquez cette tache, qui est la France; en tournant, elle décrit un cercle; elle traverse successivement l'espace éclairé et l'espace obscur, et il en est toujours ainsi à chaque tour exécuté par le globe. Comprenez-vous, maintenant, que les différents pays de la terre ont tantôt la nuit, tantôt le jour, parce qu'en tournant, ils passent tantôt dans la lumière, tantôt dans l'ombre ?

— On constate très bien, dit Jules, que la contrée qui traverse l'espace éclairé voit le soleil et a le jour ; et que pendant qu'elle continue son tour, elle passe du côté obscur et a la nuit.

— Je vois avec plaisir que vous vous rendez parfaitement compte du mouvement de rotation de la terre, et que vous comprenez très bien pourquoi certains pays ont le jour pendant que les autres ont la nuit.

Je vous ai dit ce qu'on entendait par méridien ; tous ces demi-cercles qui sont tracés sur notre globe sont des méridiens ; ils y figurent des parties qui ressemblent à des côtes de melon ; tous, comme vous pouvez le voir, coupent l'équateur, ou, si vous voulez, l'équateur les coupe en leur milieu.

Vous savez que le contour de tous les cercles se divise en 360 parties égales appelées degrés ; on a donc supposé l'équateur divisé de même par 360 méridiens. Mais tous ces cercles rapprochés les uns des autres embrouilleraient le dessin de notre petit globe ; aussi n'a-t-on tracé les méridiens que de 15 en 15 degrés.

Plaçons encore le globe en face de la lampe ; et, les yeux fixés sur la partie qui représente la France, faisons-le tourner lentement. Au moment où notre pays va entrer dans la lumière, les rayons qui partent de la lampe rasent la surface de la sphère à cet endroit ; c'est la position où nous nous trouvons quand, par suite du mouvement de la terre, la France entre dans la lumière ; c'est pour nous le moment du lever du soleil ; à mesure que le globe tourne, la France s'éclaire de plus en plus ; bientôt elle reçoit presque directement les rayons du soleil ; il est midi. Continuons à faire tourner la sphère ; dans un instant la France va rentrer dans l'ombre, et les rayons lumineux ne font plus que raser sa surface ; c'est le coucher du soleil ; ce sera bientôt la nuit.

Examinons maintenant le méridien qui passe à Paris et qui traverse la France ; quand ce méridien passe dans l'espace éclairé, droit en face du soleil, il est midi pour tous les points de la terre situés sur ce même demi-cercle. Méridien signifie ligne de midi ; et tous les points d'un même méridien passant à la fois devant le soleil ont midi en même temps. Mais, dans ce moment, les autres points de la terre ne sont pas encore arrivés à cette position, ou l'ont déjà dépassée ; il n'est donc pas partout la *même heure*.

Un jour complet, vous le savez, comprend le jour avec la nuit et va, par exemple, d'un matin à un autre matin ; il a toujours la même durée de *vingt-quatre heures*. Une heure est donc la vingt-quatrième partie d'un jour ; c'est-à-dire que, dans une heure, la terre fait la vingt-quatrième partie d'un tour complet. Puisque le tour de la terre est divisé en 360 degrés, correspondant à 360 méridiens, il en résultera que, dans une heure, la vingt-quatrième partie de 360, c'est-à-dire 15 méridiens,

auront passé devant le soleil. (360 : 24 = 15)
Ce qui signifie que pour une différence de temps d'une heure entre deux pays, il faut compter quinze de ces degrés qu'on appelle des *degrés de longitude.*

Par conséquent, autant de fois il y aura 15 degrés de longitude entre le méridien qui passe par un certain lieu et celui qui passe à Paris, autant il y aura d'heures de différence entre le temps de ce pays et le temps de Paris, et ce sera des heures d'avance si le pays est situé à l'est et passe avant Paris devant le soleil ; des heures de retard si le pays est situé à l'ouest et n'arrive qu'après nous dans la lumière.

« Supposons, dit M. Camille Flammarion, qu'il soit chez nous presque midi. A l'école, la classe finit ; l'heure va sonner. Pour les peuples de l'est qui ont eu midi avant nous, la journée est plus avancée. Ainsi, en Egypte, vers le trentième degré de longitude orientale (deux fois quinze degrés) il est déjà deux heures de l'après-midi ; tandis que dans le pays des Tartares, à soixante degrés (quatre fois quinze), il est quatre heures, et l'on prépare le repas du soir.

« Dans l'Inde, aux bouches du grand fleuve du Gange, il est six heures (quatre-vingt-dix degrés, six fois quinze). Le soleil se couche ; ses derniers rayons éclairent la cime des grands arbres. Du fond des jungles, les bêtes féroces rugissent au coucher du soleil ; les éléphants viennent boire au fleuve. Plus loin (cherchez le cent vingtième degré), nous sommes en Chine, à Pékin. Il est plus de huit heures du soir ; une capitale de deux millions d'hommes s'éclaire ; mille lanternes de couleur circulent dans les rues. Plus loin encore, au même moment, la nuit noire s'étend sur l'Océan, et sur les îles où dorment les sauvages dans leurs cases misérables. Sur la mer, çà et là dans l'ombre immense, de petits fanaux allumés glissent : ce sont des navires qui traversent ces océans lointains. Le timonier veille ; il regarde les étoiles et dit : il est minuit ! (cent-quatre-vingtième degré, douze fois quinze.)

» Mais à ce moment-là même où nous nous réchauffons, nous, au soleil ardent du milieu du jour, le grand continent de l'Amérique, situé à l'occident de nous, n'est pas encore arrivé en face du soleil ; il commence seulement à entrer dans l'espace éclairé. Pour ses habitants, c'est le matin. Le mineur de la Californie voit à peine les premières lueurs de l'aube (cent cinq degrés de longitude occidentale). Mais déjà sur les bords du Mississipi, le soleil est levé ; aux Antilles, il fait grand jour ; dans les grandes villes des Etats-Unis, ouvriers et commerçants déjà sont au travail, aux affaires, (soixante degrés, sept heures du matin). Dans l'Amérique du sud, plus avancée vers l'Orient, au Brésil, par exemple, il est huit heures du matin. Au beau milieu de l'Atlantique, nous pourrions rencontrer des navires qui voyagent entre l'ancien monde et le nouveau ; ils comptent, à quarante-cinq degrés, neuf heures ; à trente degrés, dix heures du matin. Ceux qui vont rentrer en France, revoir leur patrie, calculent avec plaisir que l'heure, de plus en plus rapprochée de celle que l'on compte à Paris, leur signale le voisinage des côtes françaises (quinze degrés); une heure avant midi, onze heures du matin ; c'est l'heure que l'on compte en Portugal. Enfin, nous voici de retour en Europe, en France, chez nous où, — comme notre voyage imaginaire n'a duré que quelques instants, — nous entendons de toutes parts les horloges sonner midi. »

— Et moi, je comprends maintenant, dit Raoul, pourquoi les matelots de la Victoria qui avaient cru arriver en Espagne un mercredi, y étaient arrivés un jeudi.

IX

LES SAISONS ET LA DURÉE DES JOURS ET DES NUITS

La terre tourne autour du soleil. — Double mouvement. — Comparaison. — Pays chauds et pays froids. — Longs jours et jours courts. — Expérience. — Les rayons obliques. — Différents climats. — Les saisons. — L'axe de la terre est incliné. — Equinoxes et solstices. — Tropiques. — Le jour et la nuit aux pôles.

En même temps que la terre tourne sur elle-même en vingt-quatre heures, ou un jour, elle tourne autour du soleil en un peu plus de trois cent soixante-cinq jours, ou une année. En observant les étoiles, on a remarqué que le soleil passe successivement dans différentes parties du ciel; un jour il est dans la direction d'une étoile facile à remarquer; le lendemain et les jours suivants, il s'éloigne constamment de cette direction et correspond à un autre point du ciel; et, toujours dans le même sens, il paraît passer d'étoile en étoile, pour revenir, au bout d'un an, correspondre à la première qu'on avait observée. Ce n'est là, encore, qu'un mouvement apparent ; et c'est en réalité la terre qui décrit, en un an, un grand cercle autour du soleil.

— Mais cependant, monsieur, observa André, vous nous avez fait comprendre que la terre tourne sur elle-même ; comment peut-elle, en même temps, tourner autour du soleil ?

— Rien n'est plus simple : le premier mouvement n'empêche pas le second.

N'avez-vous pas remarqué, lorsque vous lancez votre toupie, qu'elle pirouette rapidement sur elle-même en même temps qu'elle décrit plus lentement de grands cercles sur le sol ?

— Cela est vrai, Monsieur, je l'avais oublié.

— Voulez-vous un autre exemple du double mouvement de la terre ? Supposez, dans une salle circulaire, une grosse lampe suspendue au centre du plafond ; cette lampe représente le soleil. Une personne valse autour de la salle, et représente la terre. Si le valseur a tourné 365 fois sur lui-même avant de revenir au point d'où il est parti, il vous a donné une image exacte du double mouvement de la terre. Chaque tour du valseur représente un jour complet ; quand il regarde du côté de la lampe, c'est le *jour* proprement dit ; quand il tourne le dos, c'est la *nuit*. Il répète 365 fois ce mouvement, et exécute le tour de la salle. Cette révolution du valseur autour de la lampe, c'est-à-dire, de la terre autour du soleil, représente l'année.

La terre, en circulant autour du soleil, reçoit de lui la chaleur et la lumière ; son mouvement de rotation produit l'alternative du jour et de la nuit.

— Cela est vrai, monsieur, dit Jules ; mais, il y a des pays chauds et des pays froids ; des jours longs et des jours plus courts ; nous éprouvons de fortes chaleurs au mois de juillet, et des froids excessifs au mois de décembre, et nous ne savons pas pourquoi.

— Tout cela est parfaitement juste, mon enfant, et je vais essayer, à l'aide de notre lampe et de notre globe, de vous expliquer ces différences que vous ne comprenez pas.

Présentons encore à la lampe notre globe détaché de son pied de manière que les deux pôles soient à la limite de la lumière et de l'ombre.

Vous voyez que vers les bords du cercle qui marque le passage de la clarté aux ténèbres, les rayons n'arrivent qu'en glissant ; au contraire, ils frappent perpendiculairement au milieu de l'espace éclairé, et ils arrivent de plus en plus obliquement sur les points intermédiaires, à mesure qu'on s'éloigne du centre et qu'on se rapproche des bords du cercle d'ombre.

Partout où la lumière frappe en plein, elle illumine vivement notre globe, mais elle l'éclaire de moins en moins à mesure que ses rayons glissent obliquement ; il en est ainsi pour la chaleur qui est plus intense au centre du cercle éclairé, et de moins en moins forte à mesure qu'on s'approche de la circonférence.

En faisant tourner doucement la sphère, vous remarquerez que l'équateur traverse l'espace éclairé à l'endroit de la plus vive lumière, tandis que les pôles ne traversent que les bords de l'espace éclairé et ne reçoivent que très obliquement les rayons.

— Il faut en conclure, dit Raoul, qu'il fait plus froid vers les pôles et plus chaud vers l'équateur ; de même que le matin et le soir, lorsque les rayons du soleil rasent la terre, il fait plus frais que pendant le milieu du jour, lorsque les rayons tombent presque d'aplomb sur nos têtes.

— Et aussi, mes enfants, qu'entre les régions ardentes de l'équateur et les régions glacées des pôles, s'étendent de chaque côté de l'équateur deux bandes de pays tempérés qui reçoivent plus ou moins obliquement les rayons du soleil.

Si le soleil était toujours dans le plan de l'équateur, ou plutôt, si la route que suit la terre autour du soleil coïncidait toujours avec ce cercle, les divers pays de la terre auraient, il est vrai, des climats différents, mais en chaque lieu la température serait toujours la même ; il n'y aurait pas de *saisons*. Ce serait, pour certaines contrées, un printemps perpétuel, et la nuit aurait partout la même durée que le jour.

Mais vous savez, et vous venez de me faire observer qu'il n'en est pas ainsi ; à quoi faut-il donc attribuer cette cause ?

C'est que, dans sa marche, la terre n'avance pas perpendiculairement ; elle n'est pas droite, elle est penchée ; son axe est incliné ; il est oblique. C'est ainsi, du reste, que notre globe, maintenant fixé sur son pied, nous la représente.

De cette direction penchée il résulte que la terre ne se présente pas toujours dans la même position en face du soleil.

Voyez le globe incliné devant la lampe : le pôle nord est éclairé, mais le pôle austral est dans l'obscurité la plus complète ; plaçons-le maintenant de l'autre côté de la table ; c'est le contraire qui se produit : le pôle austral reçoit la lumière, et le pôle nord est plongé dans les ténèbres.

Pour bien comprendre le mécanisme du retour périodique des saisons, il ne faut pas perdre de vue que l'axe de la terre reste toujours parallèle à lui-même ; c'est-à-dire que son inclinaison ne change pas.

Le vingt et un mars, la terre est placée de telle sorte qu'elle présente exactement son équateur aux rayons perpendiculaires du soleil ; le jour est égal à la nuit, c'est l'*équinoxe de printemps*. Mais, en exécutant son mouvement autour du soleil, la terre descend pendant trois mois ; et il est facile de comprendre que les rayons du soleil n'arrivent plus au pôle austral, qu'ils ne tombent plus perpendiculairement sur l'équateur, mais chaque jour sur un point plus élevé et plus rapproché du pôle boréal ; à la limite où s'arrête ce mouvement, on suppose autour de la terre un cercle parallèle à l'équateur et que l'on nomme *tropique du cancer*. Cette position de la terre est appelée le *solstice d'été*, parce que le soleil paraît s'arrêter. Le mot *solstice*, en effet, signifie arrêt du soleil. Le jour où la terre arrive à ce point est le 21 juin ; c'est pour nous, et pour tous les habitants du pôle boréal, le jour *le plus long de l'année*.

La terre remonte ensuite peu à peu, et, après trois mois, la terre présente de nouveau son équateur aux rayons perpendiculaires du soleil : c'est le temps de l'*équinoxe d'automne*, le 21 septembre ; le jour est égal à la nuit ; le soleil se lève à six heures du matin et se couche à six heures du soir.

La terre part de ce point, en continuant de monter pendant trois mois, jusqu'à ce que les rayons du soleil dardent perpendiculairement sur un point de l'hémisphère austral qui s'appelle *tropique du capricorne* ; c'est le 21 décembre, l'époque du *solstice d'hiver*, parce que la terre cesse de monter, et que le soleil semble s'arrêter de nouveau. C'est pour nous le jour le plus court de l'année. Pendant les trois mois suivants, la terre redescend jusqu'au point de l'équinoxe du printemps, et l'année a terminé son cours qui recommence alors de la même manière.

Il y a à faire une remarque importante, c'est que, quelle que soit la position de la terre devant le soleil, qu'elle incline vers le pôle nord ou vers le pôle sud, le cercle limite de l'ombre et de la lumière coupe toujours l'équateur en deux parties égales. Il en résulte que les pays situés sur cette ligne font toujours exactement la moitié de leur tour dans l'ombre et l'autre moitié dans la lumière. Toute l'année ils ont les jours égaux aux nuits.

A mesure qu'on s'éloigne de l'équateur pour se rapprocher des pôles, la différence du jour de l'année le plus long, au jour le plus court, va en augmentant.

En France, le plus long jour d'été a 16 heures ; le plus court jour d'hiver a 8 heures ; la différence est du double.

En Ecosse, plus près du pôle, le jour le plus long est de 18 heures, et le plus court de 6 heures.

Mais, aux environs du pôle, il se produit un effet bien plus curieux encore : Je vous ai fait remarquer que, suivant certaines positions du globe terrestre, le pôle nord était éclairé pendant que le pôle sud était dans les ténèbres, et que, dans un autre moment, le contraire avait lieu, c'est-à-dire que le pôle austral recevait les rayons du soleil pendant que le pôle boréal restait dans l'obscurité.

Vous devez facilement comprendre comment, depuis l'équinoxe de printemps jusqu'à l'équinoxe d'automne, espace de six mois, le pôle austral se trouve hors de la partie des rayons solaires, et, par conséquent, dans une obscurité complète.

Le soleil ne pouvant éclairer qu'un émisphère à la fois, tant que les rayons perpendiculaires frappent sur l'équateur qui est le milieu entre les deux pôles, la lumière atteint ces deux pôles ; mais à mesure que la terre, en s'abaissant, éloigne l'équateur des rayons perpendiculaires, le pôle nord se plonge davantage dans la lumière, tandis que le pôle sud en sort tout à fait et s'en éloigne de plus en plus ; il s'en rapproche ensuite pendant trois mois, et finit par y rentrer au moment où le pôle nord commence à en sortir, pour en être privé à son tour depuis l'équinoxe d'automne jusqu'à l'équinoxe du printemps.

Aussi, les jours croissent successivement d'un côté de l'équateur en allant vers le pôle, et diminuent de l'autre dans la même proportion. Voilà comment nous avons tour à tour de longues nuits et de petits jours, et ensuite de longs jours et des nuits courtes.

Au pôle même, le jour est de six mois et la nuit également de six mois !..

X

LA LUNE

Un astre intéressant. — Différents aspects. — La lumière réfléchie. — Les phases de la lune. — Le volume de la lune; sa distance de la terre. — Mouvement de la lune. — La nouvelle lune; le premier quartier; la pleine lune; le dernier quartier. — Expérience. — Les jours et les nuits de la lune. — Les taches de la lune; ses montagnes. — Constitution physique de cet astre. — Les habitants de la lune.

La lune est, après le soleil, celui de tous les corps célestes qui mérite le plus de fixer l'attention des hommes, et c'est pour vous entretenir de cet astre que je vous ai réunis ce soir.

N'est-il pas vrai, mes enfants, que vous avez

souvent pris plaisir à la regarder quand elle brille dans un ciel pur, quand elle monte doucement, et qu'elle paraît portée par les nuages, ou bien encore quand elle reflète son image dans l'eau limpide de notre rivière.

Tantôt elle nous offre, comme aujourdhui, la figure lumineuse d'un disque parfait, aussi grand, à peu près, que celui du soleil ; puis ce disque se déforme peu à peu ; il s'obscurcit au point que l'astre, en apparence, disparaît totalement pour recommencer bientôt à paraître sous la forme d'un croissant.

— Je voudrais bien savoir, demanda André, pourquoi, chaque nuit, la lune change ainsi de forme.

— La lune, mes amis, n'est pas, comme le soleil, un globe de feu, un foyer ardent, une source de lumière et de chaleur ; c'est une boule solide comme la terre, un globe obscur qui flotte isolé dans l'espace, et qui n'a d'autre clarté que celle qu'il reçoit du soleil et qu'il *réfléchit*, c'est-à-dire qu'il renvoie vers nous. Si le soleil n'éclairait pas la lune, elle demeurerait toujours obscure, et nous ne la verrions pas.

Vous savez que tout objet éclairé par une

lampe ou par le soleil, renvoie vers nous une partie de la lumière qu'il reçoit ; c'est ainsi que les rayons qui frappent la muraille blanche de la maison d'école vous sont renvoyés, à certains moments, avec une telle force, que vous êtes obligés de vous réfugier à l'ombre, sous le préau ; c'est ainsi, encore, que la lumière de la lampe de mon cabinet est réfléchie par la porte entr'ouverte de la classe, et éclaire une partie de cette grande salle, ou bien encore, que les abats-jour des lampes de la classe renvoient vers les tables les rayons lumineux qui, sans cela, éclaireraient le plafond.

De même, la lune reçoit la lumière du soleil et nous en renvoie une partie. Ainsi cet astre qui, ce soir, au milieu du ciel noir, paraît éblouissant, est simplement éclairé par le soleil.

Les changements perpétuels et successifs que nous présente le globe lunaire sont ce qu'on appelle ses *phases;* la cause de ces aspects différents est que, tantôt nous voyons la moitié éclairée, c'est ce qui a lieu aujourd'hui ; tantôt nous ne voyons que la moitié obscure ; et, parfois, partie de l'une et partie de l'autre moitié.

La lune appartient à la terre dont elle est le fidèle satellite, la compagne inséparable ; elle la suit dans sa révolution annuelle et tourne autour de ce globe comme lui-même tourne autour du soleil.

Le volume de la lune est environ cinquante fois plus petit que celui de la terre ; et vous n'avez sans doute pas oublié que la terre est, elle-même, 1,400,000 fois plus petite que le soleil.

— Cependant, Monsieur, observa Léon, la lune nous a semblé, ce soir, lorsqu'elle a commencé à se montrer, presqu'aussi grosse que le soleil au moment de son lever.

— Sans doute, mais la lune est infiniment plus rapprochée de nous que le soleil, et vous savez que les objets paraissent de plus en plus petits à mesure qu'ils s'éloignent de nous.

— J'ai bien remarqué cela, reprit Jules. L'autre jour, on lançait un ballon sur la place publique. Lorsqu'il a été gonflé, au moment de son départ, il était plus gros que le plus gros tonneau de notre cellier ; lorsqu'il est arrivé au-dessus du clocher, son volume ne dépassait pas, en apparence, celui d'une barrique ordinaire ; et enfin, quand il eut atteint le sommet des collines qui sont de l'autre côté de la rivière, on aurait dit un oiseau, tant ses dismensions étaient diminuées.

— Eh bien ! mes enfants, rappelez-vous encore que le soleil est à trente-cinq millions de lieues de la terre, tandis que la lune n'en est qu'à quatre-vingt-seize mille lieues. Vous savez qu'une locomotive faisant cinquante kilomètres à l'heure mettrait 320 années pour aller de la terre au soleil ; cette même locomotive irait en deux mois et vingt-quatre jours de la terre à la lune.

Pendant que la terre circule autour du soleil, la lune, je vous l'ai dit, l'accompagne en tournant sans cesse autour d'elle ; et, chacune de ses révolutions s'accomplit en quatre semaines environ.

Lorsque la lune est en conjonction avec le soleil, c'est-à-dire qu'elle passe au méridien en même temps que lui, elle se trouve placée entre la terre et cet astre; et, par conséquent, présente au soleil sa partie éclairée et à la terre sa partie obscure ; elle est invisible pour nous : c'est cette phase que nous appelons la *nouvelle lune.*

Quelques jours après, nous apercevons un

croissant lumineux dont la convexité est tournée du côté du soleil ; ce croissant s'élargit peu à peu ; et, le septième jour, lorsque la lune arrive à 90 degrés de la conjonction, nous voyons la moitié de la partie éclairée : C'est le *premier quartier*.

Dans toutes ses phases, je le répète, le côté brillant de la lune est seul visible ; la face obscure, éclairée très faiblement par un reflet douteux qui lui vient de la terre et qu'on appelle lumière cendrée, ne peut s'apercevoir qu'à l'aide de précautions particulières.

A partir du premier quartier, la lune nous apparaît dans une direction de plus en plus opposée au soleil ; à mesure qu'elle avance, elle nous découvre de plus en plus sa face lumineuse ; elle présente une forme intermédiaire entre un demi-cercle et un cercle complet ; elle nous paraît gibbeuse ; puis, le quatorzième jour, elle est en opposition complète avec le soleil et tourne toute sa face éclairée vers la terre ; elle nous offre ce que vous voyez ce soir, un beau disque lumineux circulaire qui répand sur notre globe une douce clarté : C'est le moment de la *pleine lune*. La lune brille toute la nuit, décrivant lentement sa grande courbe à travers le ciel semé d'étoiles ; elle se couche seulement au matin.

Pendant que la lune va continuer la seconde moitié de son tour, nous verrons diminuer graduellement sa partie éclairée ; elle prend encore la forme gibbeuse, intermédiaire entre le cercle et le demi-cercle ; et, au bout de sept autres jours, elle ne nous offre plus que la moitié de sa face lumineuse : C'est le *dernier quartier*. Le demi-cercle que forme l'astre a encore sa courbe tournée vers le soleil. La lune est à son *déclin*. De ce point, jusqu'au moment où elle sera de nouveau en conjonction avec le soleil, nous ne l'apercevrons plus que comme un croissant qui ira toujours diminuant, s'amincissant. Lorsque sept autres jours se seront écoulés, elle se retrouvera entre le soleil et la terre, et ce sera encore la *nouvelle lune*.

La période moyenne de temps que met la lune pour parcourir toutes ses phases, ou, en d'autres termes, le temps moyen qui s'écoule entre deux conjonctions successives, constitue le *mois lunaire*, dont la valeur moyenne est de 29 jours, 12 heures, 44 minutes et un peu moins de 3 secondes.

Nous allons maintenant rentrer dans la classe, dont les volets sont fermés, et nous répèterons, au moyen d'une expérience bien simple, les explications que je vous ai données et qui se graveront mieux dans votre esprit.

Voici encore sur notre table ronde la lampe qui représente le *soleil*. L'un de vous, André, par exemple, voudra bien pendant quelques instants remplir le rôle de la *terre*, et Raoul celui de la *lune*.

— Cette petite mise en scène mit en gaîté les enfants dont l'attention commençait un peu à se lasser et dont quelques-uns manifestaient par des bâillements contenus, le désir d'aller se mettre au lit.

— Le contour de notre table représente le cercle que la terre décrit tous les ans autour du soleil.

Nous allons maintenant commencer notre expérience : Pendant qu'André, à une petite distance du bord de la table, en fera le tour, en tournant en même temps sur ses pieds, Raoul circulera autour d'André, le visage constamment tourné vers lui ; il sera son compagnon fidèle, comme la lune est le satellite de la terre.

André est exactement entre la lampe et Raoul ; il voit le visage de son camarade complètement éclairé : C'est le cas de la *pleine lune.*

Voilà Raoul qui passe à la droite d'André ; son visage entre peu à peu dans l'ombre ; André ne voit plus dans la lumière qu'une des joues de Raoul : C'est la représentation du *premier quartier.*

Raoul se trouve maintenant entre la lampe et André ; la lumière de la lampe lui arrive dans le dos, André voit le visage de son camarade dans l'ombre : C'est le cas de la *nouvelle lune.*

Continuons notre observation : Raoul arrive à la gauche d'André ; celui-ci voit éclairée, celle des joues de son compagnon qui était dans l'ombre au moment du premier quartier : C'est l'image du *dernier quartier.*

Enfin, voici André revenu exactement entre la lumière et Raoul : C'est encore la *pleine lune.*

Remarquez que Raoul en accomplissant sa révolution autour d'André a en même temps tourné sur lui-même, puisque tous les points de la salle sont passés successivement devant ses yeux ; de plus, le visage de Raoul a toujours été tourné vers le visage d'André.

Il résulte de cette observation que nous ne voyons jamais qu'un côté de la lune et toujours le même ; jamais nous ne verrons l'autre côté de cet astre.

En outre, puisque la lune fait, en un mois, un tour sur elle-même ; elle présente pendant ce temps, et successivement, vers le soleil tous les points de sa surface, de sorte que chaque lieu de la lune aura été quinze jours éclairé et quinze jours dans l'ombre. La lune a donc, comme la terre, ses jours et ses nuits ; seulement, ses jours sont aussi longs que près de quinze de nos jours ; et ses nuits répondent à près de quinze de nos nuits.

« Quels jours et quelles nuits ! dit M. Camille Flammarion. Le soleil met près d'une heure à se lever ; le jour se fait tout à coup, et il n'y a point d'aurore. Aussitôt que le soleil commence à apparaître, un jour brillant éclate subitement ; les cimes des montagnes sont éclairées, éblouissantes, mais les vallées sont encore dans l'ombre. Peu à peu les rayons du soleil pénètrent dans leurs profondeurs, et jusqu'au fond des cratères. Le jour est si long, que la chaleur accumulée, croissant de plus en plus, finit par devenir plus forte que celle de l'eau bouillante. Puis, quand la nuit vient, c'est brusquement, sans crépuscule, une nuit noire, glacée ; le froid est aussi terrible pendant cette longue nuit que la chaleur pendant ce jour accablant. A de pareilles conditions de vie, personne de nous ne résisterait, quand même on pourrait se passer de respirer et de manger. Vous voyez donc que, tout compte fait, il vaut mieux vivre sur la terre que d'habiter dans la lune ! »

— Nous voudrions bien savoir, Monsieur, demanda Jules, ce que c'est que cette espèce de figure qui paraît dans la lune et qui a la forme d'un visage ?

— Cette figure n'est autre chose, mon ami, que les taches produites par les ombres des montagnes ou par celles des profondes excavations dans lesquelles la lumière du soleil a de la peine à pénétrer. Le disque de la lune est irrégulièrement éclairé ; certaines parties moins lumineuses nous paraissent grisâtres et forment les espèces de taches qui vous préoccupent.

« La constitution physique de la lune, dit

Herschel, nous est mieux connue que celle d'aucun autre corps céleste. A l'aide des télescopes, nous discernons à sa surface des inégalités qui ne peuvent être que des montagnes et des vallées, puisque les premières projettent des ombres dont la longueur se rapporte exactement à l'inclinaison des rayons solaires dans les lieux de la surface de la lune où s'observent ces inégalités.

» Le bord convexe du limbe tourné du côté du soleil est toujours circulaire et à peu près uni ; mais le bord opposé de la partie éclairée qui devrait offrir l'apparence d'une ellipse bien tranchée, si la lune était une sphère parfaite, se montre toujours avec des déchirures ou dentelures profondes qui indiquent des cavités et des points proéminents. Les montagnes voisines de ce bord projettent de grandes ombres, comme on concevra clairement que cela doit être, si l'on réfléchit que, pour les points de la lune ainsi placés, le soleil est au moment de se lever ou de se coucher. Lorsque le bord éclairé dépasse ces points, ou, en d'autres termes, lorsque le soleil gagne en hauteur, les ombres se raccourcissent ; quand, au contraire, la lune est pleine, la direction des rayons solaires coïncidant avec ceux de notre vue, on n'aperçoit plus d'ombre sur aucun point de sa surface. »

— En effet, Monsieur, nous n'avons pas vu, ce soir, « le bonhomme qui est dans la lune », dit Raoul.

— La plupart des montagnes de la lune ont reçu des noms et on a pu en calculer les hauteurs.

— Comment, Monsieur, fit Léon, on a pu mesurer les hauteurs des montagnes de la lune?

— Oui, mes amis, on a pu, d'après les mesures des longueurs des ombres, calculer la hauteur de la plupart de ces montagnes. On sait que plusieurs dépassent de beaucoup la hauteur du Mont-Blanc qui est de 4,810 mètres, et celle du Chimborazo, qui est de 6,530 mètres.

Les plus hautes montagnes de la lune sont : Le mont *Dorfel*, qui a 7,603 mètres ; le mont *Newton*, qui a 17,264 mètres ; le *Casatus*, dont la hauteur est de 6,956 mètres ; le *Curtius*, qui atteint 6,769 mètres, etc...

Les sommets de ces montagnes, éclairés par les rayons du soleil, ont l'apparence de petites îles lumineuses placées en dehors du bord éclairé.

« Peu à peu, dit Herschel, à mesure que la lune avance, on voit ces points lumineux se rattacher au bord, et y former des dentelures. La plupart des montagnes lunaires (et leur nombre est étonnant) présentent un aspect singulier et d'une frappante uniformité. Elles sont exactement circulaires, ou présentent la forme d'une coupe dont l'intérieur a toutefois une courbure elliptique sur les bords. Pour les plus larges, le fond de l'excavation représente, en général, une aire plane du centre de laquelle s'élève une éminence conique à pente roide. En un mot, elles offrent, au plus haut degré, le vrai caractère volcanique, tel qu'on peut l'observer sur le cratère du Vésuve, ou sur les terrains volcaniques des Champs-Phlégréens, aux environs de Naples, et du Puy-de-Dôme, en Auvergne. Plusieurs présentent, en outre, un trait particulier, c'est que le fond de leurs cratères se trouve enfoncé au-dessous de la surface générale de la lune, de telle sorte que leur profondeur intérieure est de deux à trois fois plus grande que leur hauteur extérieure. »

La lune n'a pas de nuages, ni rien qui indique la présence d'une atmosphère ; si cette atmosphère existe, elle est tellement légère que nous ne pouvons nous en faire l'idée.

« Cela étant, dit encore Herschel, il doit régner à la surface de la lune un climat très extraordinaire, et l'on y doit passer brusquement d'une chaleur plus brûlante que celle du midi de nos régions tropicales et soutenue pendant quinze jours, à un froid de même durée, plus excessif que celui de l'hiver de nos régions polaires. . . . .

. . . .

» Les télescopes doivent recevoir encore de grands perfectionnements, avant que nous puissions reconnaître des traces d'habitants dans des édifices, ou dans des changements du sol.

» Il faut observer qu'en raison du peu de densité des matières qui entrent dans la masse de la lune, et attendu que la pesanteur y est beaucoup plus faible qu'à la surface de la terre, la même force musculaire peut y soulever une masse six fois plus grande. »

— Ainsi, monsieur, fit Jules, je serais,

dans la lune, six fois plus fort que je ne le suis sur la terre.

— C'est cela, mon enfant, et en raison du même phénomène, vous pourriez aussi sauter six fois plus haut. Mais je reprends :

« Au reste, il semble impossible, faute d'air, que des êtres vivants, analogues par leur organisation à ceux qui peuplent notre globe, se trouvent à la surface de la lune. Rien n'y indique l'apparence d'une végétation, ni de modifications dans l'état de la surface que l'on puisse attribuer à un changement des saisons. Quoi qu'il en soit, s'il y a des habitants dans la lune, la terre doit leur offrir la singulière apparence d'une lune, ayant près de deux degrés de diamètre, éprouvant des phases comme notre lune, et restant immobile au même point du ciel, tandis que les étoiles se meuvent avec lenteur derrière elle et à ses côtés. La terre doit encore leur paraître couverte de taches variables et de zones correspondantes à nos vents alizés ; il est douteux si, au milieu des perpétuels changements de notre atmosphère, ils peuvent distinguer nettement les configurations de nos continents et de nos mers. »

Je m'aperçois qu'il est temps de terminer cet entretien ; chacun de vous va, au clair de la lune, regagner sa maison ; mais je vous avertis qu'il me reste encore à vous donner, sur cet astre, certains détails qui vous intéresseront.

XI

LES ÉCLIPSES

Ce que c'est qu'une éclipse. — Différentes sortes d'éclipses. — Expérience. — Cône d'ombre. — Pénombre. — Eclipse totale. — Eclipse partielle. — Christophe-Colomb et les sauvages. — Influence de l'éclipse. — Eclipse annulaire. — Une éclipse au Brésil. — Impressions ressenties par les animaux.

Les enfants n'avaient pas oublié les dernières paroles du maître, à la fin du précédent entretien ; ils attendaient avec impatience les nouveaux détails qui leur avaient été promis. Quelque mois plus tôt, ils avaient observé une éclipse de lune, et ils apprirent avec plaisir que la leçon nouvelle avait pour objet l'explication de cet intéressant phénomène.

Le terme d'*éclipse*, pris dans son acception la plus générale, s'applique à tout phénomène céleste dans lequel la lumière d'un astre est obscurcie par suite de l'interposition d'un corps opaque entre cet astre et l'œil de l'observateur, ou entre cet astre et celui dont il reçoit la lumière. Il y a donc deux sortes d'éclipses : Dans les premières, qu'on appelle *éclipses apparentes*, l'astre éclipsé n'est pas privé de lumière, attendu qu'il est lumineux par lui-même ; telles sont les éclipses de soleil. Dans les secondes, qu'on appelle *éclipses vraies*, l'astre éclipsé perd réellement sa lumière, du moins momentanément, attendu que recevant toute sa lumière du soleil, l'interposition du corps opaque entre lui et le soleil a pour effet d'arrêter les rayons lumineux que celui-ci lui envoie : telles sont les éclipses de lune.

Je vous ai fait observer que lorsque le soleil éclaire la terre, l'ombre des arbres, des rochers, des maisons, votre propre ombre, s'étend du côté opposé ; le même phénomène se produit quand la lampe est allumée : des ombres de toutes les formes se dessinent sur les murailles. Toutes les fois qu'un objet opaque arrête des rayons lumineux, l'ombre de cet objet se produit du côté opposé.

Nous allons encore avoir recours à notre lampe, muni de son globe, qui nous représente le soleil. Suspendons par un fil cette grosse pomme, qui figurera la terre, et tenons-la à quelque distance de la lampe. La moitié de la pomme, c'est-à-dire *de la terre*, tournée vers la lumière, est éclairée; l'autre moitié est dans l'obscurité; mais de plus, il y a derrière notre pomme, du côté opposé à la lampe, un espace obscur qui se présente sous la forme d'un cornet, qui va s'allongeant, se rétrécissant, qui finit en pointe, et où la lumière ne peut arriver. Cet espace s'appelle le *cône d'ombre*. Remarquez encore autour de la partie obscure une étendue à demi-éclairée, qui affecte aussi la forme d'un cône, mais dont le sommet est en sens inverse de celui du cône d'ombre : C'est la *pénombre*; c'est l'espace auquel la pomme ne cache pas toute la sphère éclairante, mais une partie seulement de cette sphère.

Si nous faisons passer derrière la pomme une autre boule plus petite, cette noix, par exemple, qui figurera la lune, il est évident que lorsqu'elle arrivera dans le cône d'ombre, elle ne recevra plus aucun des rayons de la lampe; elle sera absolument éclipsée.

Voyons maintenant ce qui se passe en réalité au moment d'une éclipse de lune : La terre flotte dans l'espace en face de la grosse sphère éclairante, qui est le soleil ; elle fait, à l'opposé du soleil, une grande ombre qui s'allonge derrière elle en forme de cône. La lune, dans son mouvement autour de notre globe, passe derrière la terre ; elle traverse l'ombre et ne reçoit plus la lumière du soleil: C'est ce que l'on appelle une *éclipse*. On voit la lune entrer peu à peu dans l'espace obscur, d'abord dans la pénombre ; à mesure qu'elle avance, l'ombre l'enveloppe davantage, et si elle s'enfonce tout entière dans le cône d'ombre, on dit que l'*éclipse est totale*.

Mais il arrive que la lune ne fait que couper l'ombre plus ou moins profondément sans y pénétrer tout entière ; alors pendant que la partie qui traverse l'ombre est obscure, l'autre partie continue à briller, moins qu'à l'ordinaire cependant, puisqu'elle est dans la pénombre ; on dit alors que l'éclipse est *partielle*.

Pour qu'il y ait éclipse de lune, il faut que cet astre se trouve en ligne droite, en arrière de la terre, à l'opposé du soleil ; mais alors, c'est l'époque de la pleine lune.

— Il y a donc tous les mois une éclipse de lune ¿ fit observer Jules.

— Non, mon enfant ; car s'il est vrai que la lune passe ainsi, chaque mois, à l'opposé du soleil, elle ne passe pas toujours exactement derrière la terre ; le plus souvent, elle passe un peu au-dessus ou un peu au-dessous du cône d'ombre.

Une éclipse produit toujours une impression singulière chez les peuples ignorants et supertitieux ; c'est pour eux un prodige, un bouleversement de la nature.

Grâce à un phénomène de ce genre, Christophe Colomb parvint à réprimer la révolte d'une peuplade sauvage du Nouveau-Monde et à rétablir son autorité fortement ébranlée.

C'était à la Jamaïque : Une partie des équipages de l'Amiral s'était révoltée et prétendait revenir immédiatement en Europe. Le grand navigateur, resté seul avec quelques amis et des malades, était parvenu à rétablir l'ordre; mais la misère s'accroissait, les vivres manquaient, les indigènes se fatiguaient de nourrir ces étrangers qui prolongeaient leur séjour dans leur île.

Et puis, ils avaient vu les Espagnols se

livrer bataille entre eux, ce qui avait tué leur prestige : Ces naturels comprenaient que ces Européens qu'ils avaient pris pour des dieux n'étaient que de simples hommes, et ils apprirent aussi à ne plus les respecter et à moins les craindre.

L'autorité de Colomb sur ces populations indiennes diminuait de jour en jour, quand une circonstance fortuite, dont il profita habilement, contribua à lui refaire un prestige si nécessaire au salut de ses compagnons.

« Une *éclipse de lune*, prévue et calculée par Colomb, devait avoir lieu un certain jour. Le matin même de ce jour, l'amiral fit demander une entrevue aux caciques de l'île. Ceux-ci se rendirent à l'invitation, et quand ils furent réunis dans la tente de Colomb, celui-ci leur annonça que Dieu voulant les punir de leurs mesures inhospitalières et de leurs mauvaises dispositions à l'égard des Espagnols, leur refuserait le soir la lumière de la lune. En effet, tout se passa comme l'avait annoncé l'amiral. L'ombre de la terre vint cacher la lune, dont le disque semblait rongé par quelque monstre formidable. Les sauvages, épouvantés, se jetèrent aux pieds de Colomb, le suppliant d'intercéder le ciel en leur faveur, et promettant de mettre toutes leurs richesses à sa disposition. Colomb, après quelques hésitations habilement jouées, feignit de se rendre aux prières des indigènes. Sous prétexte d'implorer la divinité, il courut s'enfermer sous sa tente pendant toute la durée de l'éclipse, et il ne reparut qu'au moment où le phénomène allait toucher à sa fin. Alors il annonça aux caciques que le ciel s'était laissé gagner et, le bras étendu, il commanda à la lune de reparaître. Bientôt, le disque sortit du cône d'ombre, et l'astre des nuits brilla de toute sa splendeur. Depuis ce jour, les Indiens, reconnaissants et soumis, acceptèrent cette autorité de l'Amiral que les puissances célestes leur imposaient si manifestement. »

— Les éclipses de soleil doivent être encore bien plus intéressantes, observèrent les enfants; et les sauvages doivent en être encore plus effrayés.

— Non-seulement les peuples sauvages, mais aussi ceux qui se croyaient les plus civilisés, étaient saisis de terreur quand la lumière du soleil se voilait. Cela ne pouvait manquer d'annoncer quelques grands malheurs : La fin du monde, peut-être, ou, tout au moins, la famine, la peste ou la guerre; heureusement, on sait, aujourd'hui, qu'une éclipse de lune ou de soleil est un fait très naturel et fort simple.

Le soleil ne peut pas cesser de briller, puisqu'il est lui-même une source de lumière ; mais sa lumière peut être cachée à nos yeux lorsqu'un corps opaque vient s'interposer entre ses rayons et nous, de même que l'écran que vous placez devant une bougie allumée vous empêche d'en voir la clarté.

Toutes les fois que la lune se trouve en conjonction entre le soleil et la terre, nous devons avoir une éclipse de soleil, parce qu'alors la lune répand son ombre sur la terre, et qu'elle nous empêche de recevoir les rayons de lumière qui nous sont envoyés par le soleil.

— Mais alors, monsieur, dit Léon, il devrait y avoir une éclipse de soleil à chaque nouvelle lune.

— Cela serait vrai, mon enfant, si la lune passait toujours *exactement* entre nous et le soleil; mais, le plus souvent, elle passe, non pas sur la même ligne, mais un peu au-dessus ou un peu plus au-dessous.

Ainsi les mêmes raisons qui nous rendent peu fréquentes les éclipses de lune, nous rendent encore plus rares les éclipses de soleil : L'ombre de la terre étant beaucoup plus étendue que celle de la lune, il est beaucoup plus facile à la lune d'entrer dans l'ombre de la terre, qu'à la terre d'être affectée par l'ombre de la lune.

Lorsque la lumière du soleil disparaît entièrement, l'éclipse est *totale* ; elle n'est que *partielle* si la lumière n'est cachée qu'en partie. Quelquefois, la lune ne masque que la partie centrale du disque solaire dont les bords restent visibles sous la forme d'un anneau éblouissant. Cette éclipse, rare et curieuse, est dite *annulaire*.

— Mais je ne comprends pas, dit Raoul, comment la lune, qui est des milliers de fois plus petite que le soleil, peut le cacher tout entier.

— Vous devez cependant observer chaque jour qu'un objet plus petit, mais rapproché de nous, peut cacher à nos yeux un objet beaucoup plus grand, mais plus éloigné.

— Pouvez-vous, de cette fenêtre de la classe, apercevoir l'église ?

— Non, monsieur, j'en suis empêché par la maison des parents de Léon.

— Vous savez bien, cependant, que l'église est beaucoup plus grande que la maison qui vous la cache.

Essayez, en plaçant cette feuille de papier à quelque distance, en face de vos yeux, à voir le tableau noir qui est à l'extrémité de la salle de classe.

— Je ne le vois pas, en effet, et je comprends maintenant comment un objet plus petit peut en cacher un plus grand.

— Les éclipses de lune sont visibles de tous les pays qui ont la nuit au moment où elles se produisent. Il n'en est pas ainsi pour les éclipses de soleil, et voici pourquoi :

La lune a, comme la terre, son cône d'ombre; mais il est beaucoup plus petit ; et comme la surface de la terre se trouve presqu'à l'extrémité de ce cône, l'ombre ne frappe que sur un espace qui ne dépasse jamais une vingtaine de lieues. L'éclipse n'est donc totale que pour ceux-là seuls qui se trouvent sur la partie de la terre où se produit la tache obscure. Pour d'autres qui se trouvent seulement dans la pénombre, l'éclipse est partielle ; et pour les autres encore, le soleil n'est aucunement caché. Une éclipse totale de soleil est toujours un spectacle extrêmement solennel, un phénomène curieux et saisissant. La lumière si brillante du soleil s'affaiblit ; à mesure que le bord obscur de la lune s'avance, une échancrure noire, arrondie, entame de plus en plus le contour du disque étincelant ; la diminution devient de plus en plus rapide ; l'invisible écran s'interpose d'une manière effrayante. Tout devient triste et sombre ; l'ombre voile les objets et en fait pâlir les couleurs ; le visage des hommes est blafard comme celui des cadavres. Bientôt, les troupeaux, inquiets, bêlent et se précipitent vers les étables ; les oiseaux cessent leurs chants ; les fleurs referment leurs corolles ; les chauves-souris sortent de leurs retraites ; les étoiles brillent au ciel !...

Cependant, un rayon de lumière traverse l'espace ; c'est le bord du soleil qui se montre. La lune continue sa route, découvrant peu à peu le disque solaire du côté opposé à celui qu'elle avait caché le premier ; la radieuse lumière reparaît ; cette courte nuit qui avait, comme un cauchemar, pesé sur nos poitrines est terminée : Les hommes reprennent leur travail, les oiseaux leur chant ; les animaux recommencent à paître ; la vie, un instant interrompue, se ranime partout.

Agassiz, dans son *voyage au Brésil*, raconte quelques remarques intéressantes qu'il a faites sur les impressions ressenties par les animaux pendant une éclipse de soleil :

« On dirait que la nature a tenu en réserve, pour notre bienvenue, ses fêtes non pas seulement les plus joyeuses, mais les plus exceptionnelles. Il y a eu aujourd'hui une éclipse totale au cap Frio, à une centaine de kilomètres d'ici, et presque totale à Rio. Nous l'avons vue du pont du navire où nous habitons encore ; l'effet a été aussi étrange qu'admirable...

» L'effet de l'affaiblissement de la lumière sur les animaux a été frappant.

» La baie de Rio est, pendant le jour, fréquentée par de nombreux oiseaux, espèces de frégates et de fous de Bassan, qui tous les soirs regagnent les îles du littoral. Chaque matin aussi une sorte de vautours noirs (*urubus*) descendent par milliers sur la banlieue de la ville, principalement sur l'abattoir (*maladouro*), et, le soir venu, se retirent dans les montagnes du voisinage, leur vol passant au-dessus du palais de Saint-Christophe.

« Dès que la lumière commença à diminuer, ces oiseaux devinrent inquiets ; évidemment, ils avaient conscience que la journée avait été singulièrement écourtée ; ils eurent donc, sur ce qu'ils devaient faire, un moment d'incertitude.

» Tout à coup, cependant, les ténèbres ne faisant que croître, ils partirent pour leurs retraites nocturnes, les oiseaux aquatiques se dirigeant vers le sud, les vautours filant dans la direction opposée, et tous avaient quitté le lieu où ils cherchent habituellement leur nourriture avant que l'obscurité fût plus intense; ils semblaient avoir une hâte extrême de regagner leurs demeures, mais ils n'étaient pas à moitié chemin que le jour commença à reparaître. Il augmenta, la lumière s'accrut rapidement, et la confusion des oiseaux fut alors au comble.

» Quelques-uns continuèrent leur vol vers les montagnes ou vers la baie, d'autres rebroussèrent chemin, tandis qu'un certain nombre tournoyaient indécis dans l'espace.

» Bientôt le soleil resplendit au méridien, et, son éclat les décidant à recommencer une nouvelle journée, la troupe tout entière reprit à tire-d'aile la direction de la ville.

XII

INFLUENCES LUNAIRES, MARÉES

Influence de la lune sur les hommes. — Variations atmosphériques. — Lune rousse. — Congélation des plantes. — Les marées. — Le flux et le reflux. — Attraction. — Spectacle de la mer. — D'où provient le gonflement des eaux. — Double attraction. — Grandes marées. — Irrégularité des marées. — La grande ourse. — L'étoile polaire. Comment on s'oriente pendant la nuit.

— Est-il vrai, Monsieur, demanda Léon, que la lune exerce une grande influence sur les hommes, les animaux et les plantes?

— L'influence de la lune sur les hommes est due entièrement aux illusions et aux préjugés. Il est bien certain, en effet, que la durée de la période de quelques phénomènes de l'homme en santé ne s'accorde qu'à peu près, et jamais exactement, avec les révolutions lunaires, et que ces phénomènes ont lieu avec toutes les phases de la lune, non-seulement chez des personnes du même âge et de la même constitution, mais encore chez le même individu. Cette simple observation suffit pour faire refuser à la lune toute action de ce genre.

Il en est, voyez-vous, de ces phénomènes comme des revenants. J'en connais, parmi vous, qui ont prétendu voir des revenants, parce que, malgré toutes les observations que j'ai pu leur faire, ils ont conservé cette sotte croyance.

De même, la croyance aux influences lunaires amène quelquefois des troubles dans la santé de certaines personnes; il peut en résulter des conséquences fâcheuses; car, l'imagination surexcitée, l'attente et la peur, produisent des effets auxquels la lune n'a nullement contribué.

— Mais, il est bien vrai, n'est-ce pas, que les phases de la lune influent sur le temps?

— En ce qui concerne les variations atmosphériques, un seul fait paraît assez bien constaté. Les recherches d'Arago, les observations de Humboldt et de Herschel ont établi que, vers l'époque de la pleine lune, l'air est plus serein, le ciel plus pur, moins chargé de nuages.

— Il en résulte probablement, dit Jules, qu'il tombe beaucoup moins de pluie à l'époque de la pleine lune, qu'à l'époque de la nouvelle lune.

— En disant qu'il tombe beaucoup moins de pluie à l'époque de la pleine lune, on exagère ; la vérité est que cette quantité de pluie est un peu inférieure à celle qui tombe vers la nouvelle lune. Cette différence est peu considérable.

— On m'a raconté, dit Léon, que la *lune rousse* gèle les plantes ; mais je ne sais pas ce que c'est que la lune rousse.

— On appelle lune rousse celle qui commence en avril, et devient pleine soit à la fin de ce mois, soit, plus ordinairement, dans le courant du mois de mai. L'opinion populaire lui attribue les gelées qui, pendant sa durée, frappent fréquemment, et d'une manière très fâcheuse, la végétation naissante au commencement du printemps.

— Il est certain, Monsieur, reprit André, que presque chaque année nos vignes sont gelées par la lune rousse.

— Nous allons tâcher d'expliquer ce phénomène dont la lune rousse est parfaitement innocente ; vous comprendrez bientôt que la prétendue influence pernicieuse de sa lumière n'est pour rien dans la destruction si regrettable de nos végétaux.

Pendant les mois d'avril et de mai, il arrive souvent que la température de l'atmosphère, durant la nuit, n'est pas de plus de quatre ou cinq degrés au-dessus de zéro. Quand il en est ainsi, les plantes exposées à un ciel serein, par conséquent à la lumière de la lune, peuvent se geler sans que le thermomètre descende à zéro ; au contraire, si le ciel est couvert, si la lune ne brille pas, la gelée ne peut pas se produire.

— On a donc raison de dire, observa Raoul, que la lune rousse gèle les plantes.

— Un peu de patience, mon ami, et vous verrez que le double phénomène dont nous venons de parler tient à une cause bien simple.

Nous savons que la surface du sol perd, pendant la nuit, par voie de rayonnement, une partie du calorique (de la chaleur) qu'il a reçu pendant le jour ; cette déperdition peut être très grande quand il n'y a point de nuages pour arrêter le rayonnement, c'est-à-dire pour réfléchir les rayons de chaleur émis par la terre et les lui renvoyer.

Si donc, le ciel est très serein, s'il n'y a dans l'air aucun obstacle, ces rayons se perdent dans l'espace; la température des plantes descend au-dessous de celle de l'air qui les environne, et elles sont gelées aussitôt que le refroidissement est devenu assez grand.

Si, au contraire, le ciel est couvert, les nuages renvoient à la terre, comme le feraient des écrans, la chaleur qu'elle tend à perdre par le rayonnement; la température s'abaisse beaucoup moins, et les chances de congélation, pour les plantes, diminuent dans la même proportion.

C'est donc simplement à l'absence de nuages qu'il faut attribuer ces gelées imprévues; la lune n'y est pour rien; elle est simplement l'indice d'une atmosphère sereine et sans nuages.

Ce qui est hors de doute, et dont vous ne m'avez pas parlé, c'est l'action que la lune exerce sur la terre, notamment sur les eaux, par l'effet des lois de la pesanteur, et d'où résulte le merveilleux phénomène des marées.

— Comment, Monsieur, les marées sont le

résultat de l'action de la lune sur la terre ?... Cela doit être bien curieux à savoir. Est-ce que vous allez nous l'expliquer ?

— Certainement, je veux vous faire connaître le rôle que joue la lune dans le phénomène des marées ; mais vous allez d'abord me rappeler vous-même ce que nous avons dit du flux et du reflux de la mer, à l'occasion de nos leçons de géographie.

— Vous nous avez appris, Monsieur, dit Léon, que les mouvements de l'air, suivant leur intensité, produisaient des mouvements plus ou moins grands à la surface de la mer. Le vent fait naître des ondes ou des flots qui s'élèvent en montagnes écumantes, roulent, bondissent, se brisent les uns contre les autres.

— J'ai lu, reprit Raoul, que les anciens, frappés de cet imposant spectacle, avaient, en quelque sorte, déifié les flots : Ils voyaient, portées sur leurs crêtes, les déesses de la mer qui venaient s'égayer par des jeux et des danses. Lorsque la tempête fondait sur l'Océan et l'animait de sa fureur, c'étaient les monstres marins, sortis des profondeurs des abîmes, qui se livraient la guerre.

— J'ai été, dit Jules, au bord de la mer. Le

vent produisait des lames, de longues rides d'eau, qui s'élevaient sur le même front, marchaient d'un mouvement uniforme, et, l'une après l'autre, venaient se précipiter sur le rivage, nous forçant à chaque instant de nous éloigner.

— Quelquefois aussi, mes enfants, les lames, suspendues par un coup de vent, ou arrêtées par un courant, forment comme une énorme muraille liquide ; et alors, malheur au téméraire navigateur qui s'en approcherait ! Mais tout cela ne résume pas vos leçons de géographie.

— Même lorsqu'il ne fait aucun vent, observa André, les eaux de l'Océan ne sont pas immobiles ; chaque jour, la mer éprouve des variations de hauteur, particulièrement appréciables dans le voisinage des côtes. Pendant six heures environ, ses eaux s'élèvent ; elles sont entraînées vers le rivage, et ce gonflement périodique s'appelle le *flux* ; lorsque le flot a accompli sa course et qu'il s'arrête, c'est la *haute mer* ou *marée* ; la mer demeure en cet état un demi-quart d'heure environ avant de se retirer, et l'on désigne ce moment de repos en disant que la mer est *étale*.

— C'est bien, mon ami, vos souvenirs sont exacts, et je suis certain que Léon va maintenant nous dire ce qu'on entend par le reflux ?

— Pendant une nouvelle période de six heures, dit Léon, la mer redescend ; elle laisse la plage à sec ; elle exécute un mouvement rétrograde : C'est le *reflux*, *jusant* ou marée descendante ; au moment de sa plus grande dépression, on a la *basse mer*. Puis, elle remonte de nouveau pour redescendre encore, et toujours, périodiquement, de la même manière.

La durée de l'intervalle d'une haute mer à une mer suivante est ce qu'on appelle une *marée totale* ; elle est d'un peu plus de douze heures ; en sorte que, presque chaque jour, il y a deux hautes mers et deux basses mers.

— Nous voudrions bien savoir, Monsieur, dit Raoul, ce qui fait ainsi monter et descendre la mer.

— Je vous ai fait connaître ce que c'est que la pesanteur, et ce qu'est aussi cette force attractive qui oblige la terre à tourner autour du soleil et la lune à tourner autour de la terre. Vous savez que cette attraction est d'autant plus grande que l'astre est plus gros ; mais elle est encore d'autant plus forte que l'astre est plus rapproché du corps qu'il attire. Eh bien! les marées sont des oscillations régulières et périodiques que les mers du globe terrestre subissent par l'attraction des autres corps célestes, principalement par celle de la lune et du soleil.

Lorsque la lune passe au-dessus de la mer, elle attire fortement les eaux, qui se soulèvent, se gonflent, forment un renflement liquide et produisent par conséquent la marée haute. Mais, en même temps, toutes les parties solides du globe sont aussi atteintes; le centre de la terre tend aussi à s'avancer un peu vers la lune, laissant en arrière les eaux du côté opposé de la terre, où se forme un second renflement liquide qui produit aussi la marée haute.

— Je croyais, Monsieur, dit André, que lorsqu'un côté de l'Océan a la marée haute, le côté opposé devait avoir la marée basse ; je vois maintenant que je me trompais.

— Vous vous trompiez, en effet, mon ami ; mais au moment où les deux points opposés, que nous représenterons par les deux extrémités du diamètre d'un cercle, ont la marée haute, les deux autres côtés de la mer, qui correspondent aux extrémités d'un diamètre, coupant le premier à angles droits, auront la marée basse; ce sont ces eaux qui, en se retirant, produisent le gonflement des points qui ont la marée haute.

A mesure que la lune tourne, elle entraîne avec elle les renflements qu'elle produit et qui ont lieu alternativement sur tous les points opposés de notre globe, baignés par les mers.

Cependant, comme nos jours n'ont que vingt-quatre heures et que la lune met vingt-quatre heures quarante-neuf minutes pour faire le tour de la terre, il en résulte que, chaque jour, les marées ont lieu environ cinquante minutes plus tard que la veille.

Lorsque la lune et le soleil se trouvent en ligne droite d'un même côté de la terre, cette double attraction augmente la force des marées; si, au contraire, ces deux astres sont placés également en ligne droite, mais de chaque côté de la terre, leur action s'exerce en sens inverse, et les marées sont très faibles.

« Les grandes inégalités du fond de la mer, dit Malte-Brun, la position des côtes, leur pente sous l'eau, tantôt rapide, tantôt douce, la différente largeur des canaux et des détroits, enfin les vents et les courants, toutes ces circonstances locales et quelquefois accidentelles, altèrent la marche des marées, la font dévier de cette régularité qu'elle aurait dans une mer libre, augmente l'intensité du flux sur les côtes des canaux resserrés, et en faisant varier le degré des frottements des eaux, raccourcissent ou prolongent la durée relative de la haute et basse mer. Ainsi on voit, dans les îles de la mer du Sud, des marées régulières et peu considérables, d'un ou deux pieds d'élévation, tandis que sur les côtes occidentales de l'Europe, et sur les côtes orientales de l'Asie, les marées sont extrêmement fortes et sujettes à beaucoup de variations. »

Sur les côtes de France qui bordent la Manche, le flux, resserré dans un bassin, et en même temps répercuté par les côtes de l'Angleterre, s'élève à une hauteur énorme; à Saint-Malo, il atteint quelquefois plus de seize mètres.

Dans les petites masses d'eau, la lune agit en même temps sur toutes les parties; elle diminue la pesanteur de toute la masse. En outre, il y a peu ou point d'eau environnante, qui puisse venir s'accumuler avec la masse attirée ; et vous n'avez pas oublié que le gonflement doit sa naissance, moins à un mouvement vertical des eaux attirées qu'à l'affluence latérale des eaux voisines.

Voilà pourquoi la Méditerranée n'a que de très petites marées, qui semblent se former principalement dans le bassin étendu à l'est de l'île de Malte, et qui se propagent, au nord, dans le golfe de Venise.

— Est-il possible, Monsieur, demanda Raoul, de s'orienter, pendant la nuit, au moyen de la lune, comme on le fait, pendant le jour, à l'aide du soleil ?

— Non, mon enfant, mais on peut très bien déterminer la direction du nord, et par suite toutes les autres directions au moyen des étoiles. Je vous ai déjà fait remarquer, dans le ciel, l'assemblage des sept étoiles appelées la *grande ourse*, et vulgairement le *chariot*.

— Oui, Monsieur, vous nous avez dit qu'on la voit toujours du côté du nord, mais tantôt plus haut, tantôt plus bas, suivant l'époque de l'année.

— Ce groupe d'étoiles qu'on appelle une *constellation*, est visible toutes les nuits; il vous est facile de vous habituer à la retrouver du premier coup d'œil, et cela vous sera très utile.

A peu de distance de la grande ourse, il y a une grande étendue du ciel où ne paraît aucun groupe d'étoiles remarquables; mais au milieu de cet espace apparaît une étoile assez brillante qui est l'*étoile polaire*.

— Il suffit de la reconnaître pour être orienté, reprit Jules, puisqu'elle marque le pôle nord.

— C'est bien cela : En vous tournant vers elle, vous avez le nord devant vous, le sud derrière vous, l'est à votre droite, l'ouest à votre gauche. Pour trouver l'étoile polaire, il suffit de supposer une ligne passant par les deux étoiles les plus éloignées du timon du chariot ou de la queue de la grande ourse. Cet alignement vertical conduit, *à peu près*, vers l'étoile polaire. En été, elle se trouve à droite; en hiver, elle est à gauche; en automne, elle est plus haut; au printemps, elle est plus bas. On prend communément l'étoile polaire pour le pôle même, bien qu'elle en soit éloignée de deux degrés; mais cette différence est insensible à la vue simple.

L'étoile polaire forme l'extrémité de la queue de la *petite ourse*; cette constellation a absolument le même aspect que la grande ourse; mais elle est plus petite, tournée en sens contraire, et les étoiles qui la forment sont beaucoup moins brillantes et par suite moins faciles à retrouver. Voilà pourquoi on a recours à la grande ourse pour déterminer plus facilement l'étoile polaire.

— Nous savons maintenant, dit André, comment il est possible de s'orienter le jour ou la nuit; encore faut-il que le temps soit clair et que les nuages ne cachent ni le soleil, ni l'étoile polaire. Comment font donc les marins pour connaître la direction qu'ils suivent sur la mer immense pendant les temps de pluie et de brouillards?

— Votre curiosité est trop légitime pour que je ne tienne pas à la satisfaire; et j'aurai très prochainement l'occasion de vous faire connaître comment on peut s'orienter en tout temps au moyen de la *boussole*.

XIII

L'AIMANT

Un canard glouton. — Une pierre mystérieuse. — Attraction et répulsion. — Attraction à travers les corps. — Une chaîne merveilleuse. — Deux aimants en présence. — Les évolutions du canard. — Les aimants artificiels. — Le fil à plomb renversé. — L'aimant. — Le magnétisme. — Où on trouve l'aimant. — Comment on a connu les propriétés de l'aimant. — Un berger cloué au sol.

Une table sur laquelle est disposé un bassin rempli d'eau est placée au milieu de la salle de classe. Tous les élèves sont réunis autour de cette table, et les plus jeunes ne sont pas les moins attentifs : C'est qu'ils assistent à un merveilleux spectacle, bien fait pour les intéresser.

Un joli petit canard flotte sur l'eau du bassin ; c'est, bien entendu, un canard en métal très mince, soigneusement colorié ; et pourtant, chaque fois que l'instituteur présente au canard un petit morceau de pain, l'animal s'avance comme s'il lui était possible de s'en emparer, et comme pourrait le faire un canard qui mange et qui digère. Bizarrerie non moins grande, ce jouet qui, tout à l'heure, glissait rapidement vers la bouchée de pain, s'en éloigne maintenant avec la même vitesse. A volonté, l'instituteur le fait avancer, reculer, tourner sur lui-même, à la grande stupéfaction des élèves qui, de leur vie, n'oublieront cette leçon, car il s'agit bien réellement d'une de ces petites leçons scientifiques que M. A*** sait rendre si attrayantes.

Abandonnant pour un instant le canard, l'instituteur dépose sur la table un morceau de pierre grise, qui n'est autre chose qu'un fragment de minerai de fer; puis, laissant tomber au-dessus de la limaille de fer, il appelle l'attention des enfants sur le phénomène dont ils vont être les témoins.

La limaille se meut d'abord verticalement; elle suit la direction du fil à plomb, comme le font tous les corps qui tombent; mais arrivée dans le voisinage du minerai, elle se détourne de sa route, se porte vers lui, s'y fixe, s'y colle, en quelque sorte, bien que la pierre brune soit parfaitement sèche. La limaille, que l'on continue de laisser tomber, se porte vers celle qui a été précédemment retenue, s'y applique, s'y arrête, comme cette limaille s'est appliquée au minerai lui-même, et forme à l'entour une sorte de houppe, de chevelu laineux.

En enlevant le minerai, on enlève la limaille ; on a beau la tourner vers en bas, secouer la pierre, elle ne se détache pas ; et, si on la pousse avec le doigt, elle glisse, sans tomber, à la surface du minerai.

— Est-ce que cette pierre attire de la même manière tous les corps? demanda l'un des enfants.

— Il vous sera facile de vous en rendre compte vous-même, mon ami. Voici précisément des menus fragments de cuivre, de fer, de plomb, de la sciure de bois, des barbes de plume, des parcelles de papier. Mettez tout cela sur la table, et approchez-en le morceau de minerai.

— C'est singulier, dit André, la limaille de fer, seule, se met en mouvement ; elle monte et se fixe sur le morceau de minerai ; les petits morceaux des autres matières restent immobiles.

— A votre tour, Jules, placez sur la table ce petit morceau de fer et portez au-dessus notre pierre grise.

— Oh ! monsieur, la limaille se porte vers la pierre parce qu'elle est légère comme un grain de fine poussière, mais le petit morceau de fer est trop lourd, il ne montera pas.

— Essayez toujours, mon enfant?

— Je m'étais trompé : le petit morceau de fer s'élève comme la limaille, le voilà fixé contre le minerai.

— Suspendons à un fil notre petit morceau de fer ; attendons qu'il se soit arrêté de lui-même dans la direction du fil à plomb, et Raoul va en approcher le minerai.

— Le morceau de fer s'écarte de sa ligne de repos ; il vient à la rencontre de la pierre ; il se balance, s'éloigne quand je retire la pierre, pour revenir encore quand je la rapproche ; je l'ai trop rapprochée ; il se jette dessus ; il s'y fixe ; on dirait qu'il y est collé ; il faut un petit effort pour l'en séparer.

— Suspendons maintenant notre minerai lui-même, et approchons-en le fer ; vous voyez que tout ce que le fer vient de faire pour le minerai, le minerai le fait pour le fer ; il se met en mouvement pour venir à sa rencontre, et se fixe sur ce morceau de métal, si on ne le retire pas assez vite.

« L'amitié dont cette pierre est le symbole, dit un vieil auteur, est ici réciproque ; et nous voyons qu'elle est égale des deux parts. Si le fer et le minerai sont tous les deux mobiles, il font chacun la moitié du chemin l'un vers l'autre. Cette pierre mystérieuse est une *pierre qui aime*; c'est un fer *aimant*. »

— Y a-t-il longtemps qu'on connaît cette pierre? demandèrent les enfants.

— Un savant chinois, qui vivait au *huitième siècle*, écrivait, en parlant de l'aimant : « Cette pierre fait venir le fer à elle, comme une tendre mère ses enfants; et c'est pour cela qu'elle a reçu le nom de pierre *aimante*. » Mais il y avait déjà bien des siècles que l'on connaissait l'aimant.

L'*aimant naturel*, appelé aussi *pierre d'aimant*, est un minerai de nature ferrugineuse qui a la propriété d'attirer le fer; on donne le nom de *magnétisme* à la cause, demeurée inconnue, des effets produits par l'aimant. Les minéralogistes appliquent le terme d'aimant ou de fer magnétique à toutes les variétés de fer oxydulé; mais on désigne plus spécialement sous le nom de pierre d'aimant une variété compacte de minerai, principalement composée de protoxyde, de peroxyde de fer, et d'une faible proportion de quartz et d'alumine. La couleur de la pierre d'aimant n'est pas toujours la même ; elle varie suivant les légères différences qui existent entre les proportions des deux oxydes, et la nature des substances étrangères auxquelles le fer se trouve uni ; mais elle est le plus souvent gris foncé avec un éclat métallique.

On trouve l'aimant naturel, en masse considérable, dans les mines de fer de la Suède et de la Norvège, dans l'île d'Elbe, dans l'Andalousie, aux îles Philippines, en Arabie, en Chine, dans le royaume de Siam.

« Il y a, dit un ancien auteur, dans la Tartarie sibérienne, une montagne d'aimant, dont le sommet est une espèce de jaspe d'un blanc jaunâtre. A huit toises au-dessus, on trouve des pierres d'aimant de trois cents livres, qui, quoique couvertes de mousse, attirent un couteau par sa lame en fer, à un pouce de distance ; ce qui est exposé à l'air a plus de force que ce qui est dans l'intérieur de la terre. »

Je vous ai dit que les anciens connaissaient la propriété que possède l'aimant d'attirer le fer : Dès le temps de Thalès, plus de 600 ans avant Jésus-Christ, cette vertu mystérieuse exerçait la sagacité des philosophes grecs.

Pline raconte, six siècles plus tard, qu'on doit au hasard la connaissance de cette propriété. Un berger qui gardait son troupeau sur une montagne, sentit tout à coup ses chaussures, munies de clous, s'attacher au sol ; le bout de son bâton ferré s'y fixait également. Saisi de frayeur, il s'éloigna à la hâte de cette montagne qui l'attirait comme si elle eût voulu l'engloutir. On consulta des savants qui reconnurent, en cet endroit, la présence d'une roche d'aimant.

« Cette pierre, écrit le poëte Claudien, n'orne pas la chevelure des rois, ni le col blanc de la jeune fille... Mais si tu vois les prodiges inouïs de ce caillou noir, il surpassera pour toi et les belles parures et tout ce que l'Indien, sur les rives orientales, cherche dans l'algue empourprée. »

Mais il est temps de reprendre nos petites expériences, et vous ne tarderez pas à savoir, sur l'aimant, des choses que les anciens n'ont jamais connues.

Revenons à notre morceau de minerai de fer que nous appellerons désormais notre aimant ; il est toujours suspendu au bout d'un fil. Si nous lui présentons successivement des morceaux de fer de différentes grosseurs, nous constaterons qu'il s'éloigne d'autant plus de la verticale pour se porter vers le fer, que le morceau qu'on lui présente est plus gros.

Notre aimant suspendu, remplacé par le morceau de fer, va nous permettre de reproduire l'expérience que nous avons faite avec la limaille. — Que l'un de vous promène l'aimant au-dessus du fer... Vous voyez que le fer se porte vers le haut comme la limaille le faisait tout à l'heure. Eloignez peu à peu l'aimant, de manière que le fil suspenseur soit plus court que la distance à laquelle le fer et l'aimant peuvent se joindre, contrairement à la pesanteur ; le fil qui retient le fer s'oppose à ce qu'il atteigne l'aimant. Bon !... le voilà en l'air, au bout du fil qu'il tend... N'est-ce pas quelque chose de remarquable de voir ce *fil à plomb*, à poids de fer, renversé de bas en haut, contrairement à ce qui a toujours lieu ?

L'aimant exerce son attraction sur le fer, même à travers les corps solides : Intercalons entre le fer et l'aimant un moceau de carton, une plaque de cuivre, une feuille de verre, et celui des deux corps qui est mobile sera attiré comme s'il n'y avait aucun obstacle ; il viendra s'appliquer contre la feuille de verre, la plaque de cuivre ou le morceau de carton ; il sera, en quelque sorte, *posé en l'air*. Vous pouvez, si vous le voulez, vous imaginer un poids de cent kilogrammes, appendu à la voûte d'un édifice, sans attache visible, par une sorte de miracle continu.

— Il suffirait pour cela, dit Léon, de fixer un aimant puissant dans la voûte même.

— Examinons encore, et de plus près, les faits bizarres que les relations de l'aimant ou de la limaille de fer nous ont permis d'observer. L'aimant ne se borne pas à retenir la limaille grain par grain ; mais, ces parcelles de fer, précédemment indifférentes les unes aux autres, cessent de l'être ; un second grain s'attache au premier, à celui-ci un troisième, et ainsi de suite. Si au premier grain, nous substituons ce petit barreau de fer doux, il reste suspendu ; et si dans cet état, nous l'approchons de la limaille éparse sur cette feuille de papier, elle se met en mouvement vers lui, s'applique contre lui, comme elle le ferait sur l'aimant lui-même ; mais, cette relation n'est pas durable ; elle cesse dès que nous éloignons le barreau de l'aimant.

— Nous allons, avec ces petits anneaux, constituer une chaîne curieuse. Approchez cet anneau de l'aimant : il s'y attache ; présentez à ce premier anneau, cet autre de même métal : il s'y fixe ; de ce second approchez-en un troisième : il y reste suspendu ; celui-ci pourra en porter un quatrième et ce dernier un cinquième, etc... Nous avons, comme pour chaque parcelle de limaille, une chaîne merveilleuse dont l'aimant est le chaînon primordial...

— J'ai remarqué, monsieur, dit Jules, que le limaille ne se fixe pas partout de la même manière sur l'aimant.

— Il n'est pas étonnant, mon ami, que la distribution de la limaille autour de l'aimant ait attiré votre attention ; il s'en faut de beaucoup, en effet, qu'elle se fixe partout avec la même uniformité. Elle se porte de préférence et en plus grande quantité, aux deux extrémités ; les filaments y sont plus longs. Remarquez aussi qu'ils y affectent une position constante : Ils se dressent perpendiculairement aux extrémités, vont en diminuant de longueur en se rapprochant du milieu, et en s'inclinant tous comme s'ils fuyaient l'extrémité qui est la plus voisine. Enfin, au milieu, au point de rencontre de ces deux petites crinières décroissantes couchées en sens inverse, le minerai reste à nu, il ne s'est pas, à cet endroit, fixé un seul grain de limaille. Pourtant, les points vers lesquels la limaille se porte ne diffèrent nullement, à l'œil, de la ligne où il ne s'en fixe aucune parcelle.

Si nous présentons successivement ces divers points de l'aimant à notre petit morceau de fer suspendu, nous voyons que les extrémités l'attirent plus fortement, que l'attraction diminue d'intensité en allant vers le milieu, et qu'elle est nulle dans la ligne moyenne. Il y a donc lieu de distinguer, dans les aimants, deux extrémités actives et une ligne moyenne neutre.

— Jusqu'ici, mes enfants, nous n'avons considéré l'aimant que vis-à-vis du fer doux; nous allons voir comment se comportent deux aimants mis en présence.

Nous constaterons d'abord qu'ils s'appliquent l'un à l'autre et demeurent attachés, de quelque côté que nous les fassions se toucher.

Pour observer leurs mouvements respectifs, nous allons placer l'un deux de façon à ce qu'il puisse se mouvoir librement. Nous pourrions le poser sur une surface polie, le mettre sur l'eau avec un petit support en liège ; nous allons simplement le suspendre à un fil. Raoul va, maintenant, présenter cet autre aimant à celui qui est suspendu.

— Voilà qui est curieux, exclamèrent les enfants ! L'aimant mobile s'éloigne, il recule ; il fuit devant la main de Raoul. Les aimants n'ont l'un pour l'autre que de la répulsion.

— Il ne faut pas trop, mes amis, vous hâter de conclure. Raoul va d'abord présenter à l'aimant suspendu l'autre bout de l'aimant qu'il tient à la main.

— C'est encore, dit André, une nouvelle bizarrerie : L'aimant mobile n'a plus peur ; il ne recule plus ; il s'avance, au contraire, vers la main de notre camarade.

— Cette expérience vous apprend, reprit l'instituteur que les deux extrémités d'un aimant qui paraissent avoir la même action sur le fer doux n'ont pas la même action l'une sur l'autre.

Ayons deux aimants ; une extrémité du premier attire une extrémité du second et repousse l'autre extrémité ; il en est de même du second aimant dont l'une des extrémités repousse une extrémité du premier et attire l'autre.

— Mais tout cela, observa Jules, ne nous dit pas pourquoi le canard qui flotte sur le bassin s'avance, comme pour prendre le pain que vous lui présentez.

— Tout cela, au contraire, explique parfaitement les évolutions du canard. Un aimant est dissimulé dans l'intérieur du palmipède; et un autre aimant est caché dans le morceau de pain que je lui présente. Quand je dirige vers le canard le bout du morceau de pain correspondant au bout de l'aimant qui attire, l'oiseau s'avance en glissant sur l'eau ; quand je tourne vers lui l'autre extrémité du morceau de pain qui correspond à la partie de l'aimant qui repousse, le canard fuit et s'éloigne. C'est ainsi que vous pouvez, comme moi, le faire avancer, reculer, tourner sur son bassin, absolument comme s'il était, lui-même, doué de vie et de mouvement.

Dans les exemples qui précèdent, il n'a été question que des relations existant entre l'aimant et le fer doux : Le fer battu et l'acier ne sont pas, non plus, indifférents à l'action de l'aimant. La limaille d'acier est attirée presque aussi facilement que la limaille de fer; comme cette dernière, elle forme autour de l'aimant des filaments et des houppes. De petits morceaux d'acier, lorsque l'un d'eux touche l'aimant, se conduisent les uns au bout des autres, comme les anneaux de fer doux. Seulement, ils sont plus longtemps à se fixer les uns aux autres.

Si les morceaux sont plus gros, il ne paraît d'abord pas possible d'en faire une chaîne comme avec les barreaux de fer doux; mais si ce morceau d'acier, qui semble devoir résister à l'action de l'aimant, est tenu un quart d'heure ou une demi-heure en contact avec lui, il fait partie de la chaîne comme un morceau de fer doux.

On peut, du reste, suppléer à ce contact prolongé, en promenant, à plusieurs reprises, l'acier sur l'aimant, dans le même sens; ou bien l'aimant sur l'acier, toujours dans le même sens; et si l'un des morceaux d'acier ainsi traités, pend à l'extrémité d'un aimant, il attire et retient la limaille de fer comme le ferait un morceau de fer doux.

Il y a plus ; en détachant ce morceau d'acier, nous observons une nouvelle particularité : c'est que la limaille ne s'en sépare pas ; elle ne tombe pas, comme cela arrivait quand vous éloigniez le fer doux de l'aimant.

Ce morceau d'acier est devenu un véritable aimant : La limaille se porte vers lui, s'y applique, s'y fixe ; ses extrémités se couvrent de chevelu qui va en décroissant jusqu'à la ligne moyenne. La puissance qui n'existe chez le fer doux qu'en présence de l'aimant, venue plus laborieusement dans l'acier, y persiste en l'absence du mystérieux minerai.

Nous pouvons, désormais, pour nos expériences, substituer au minerai des petits morceaux d'acier devenus des aimants ; aussi bien, il en est une que nous pourrons plus facilement tenter avec nos petits barreaux d'acier qu'avec nos morceaux de minerai, parce que les premiers se brisent plus facilement.

En roulant ce petit morceau d'acier dans la limaille, nous voyons que la ligne moyenne, neutre, répond à son milieu. Brisons-le et mettons chacune de ses moitiés dans la limaille de fer, nous voyons qu'elles ont chacune, comme le barreau entier, deux extrémités à houppes de limaille, et une ligne neutre ; poursuivons l'expérience en brisant encore chacune de ces moitiés : les nouveaux fragments ont, comme le morceau primitif, deux extrémités à chevelu de limaille et une ligne moyenne, et ces extrémités sont également alternativement attirantes et repoussantes.

XIV

LA BOUSSOLE

Encore le canard magnétique. — Direction constante. — Le Nord et le Sud. — La Boussole. — L'inventeur de la boussole? — Question difficile à résoudre. — La boussole en Europe. — La boussole en Arabie. — La boussole en Chine. — Des ambassadeurs égarés. — Char merveilleux. — Flavio Gioïa. — Perfectionnements. — Le grand aimant; son influence. — Les pôles des aimants. — La déclinaison.

Si vous le voulez, mes enfants, nous demanderons à notre canard magnétique, qui est là immobile au milieu de son bassin, le sujet de notre nouvelle leçon.

Voyons un peu si vous avez observé avec attention ses allures, ses habitudes, ses aversions et ses préférences. Je vous ai vus le faire mouvoir dans tous les sens au moyen de votre aimant ; en est-il un parmi vous qui l'ait bien remarqué quand il est au repos?

— Il me semble, Monsieur, dit Léon, qu'il ne présente, au repos, rien de particulier, pas plus que les petits chiens où les petites poupées flottantes que nous avons placés avec lui dans le bassin.

— Moi, dit Jules, j'ai remarqué qu'abandonnées à elles-mêmes, les poupées flottent dans n'importe quel sens, que les petits chiens sont placés n'importe comment, tandis que le canard regarde toujours du même côté de la classe.

— J'ai également observé, reprit Raoul, que dès qu'il n'est plus sollicité par l'aimant, il se retourne vers celle des murailles de la classe où est tracée un N pour indiquer qu'elle marque la direction du nord.

— Regardez, Léon, comment est placé le canard; faites-le pirouetter au moyen de l'aimant; retirez-vous maintenant, et dites-nous ce que vous voyez?

— Le canard revient peu à peu à la position d'où je l'avais écarté; il s'arrête; il ne s'est pas trompé d'un millimètre; il est tourné du côté du nord.

Voici d'autres canards et un petit batelet de liège qui portent des aimants; nous les disposons sur le bassin ; tous, comme s'ils s'étaient donné le mot, s'arrêtent dans la même direction.

Voici encore une aiguille aimantée suspendue horizontalement à l'extrémité d'un fil de soie, et une autre petite bande d'acier, également aimantée, posée en équilibre sur un pivot. Abandonnés à eux-mêmes, ces aimants s'arrêtent encore dans le même sens ; écartés de cette position par une influence quelconque, ils y reviennent dès que cette influence cesse d'agir.

La direction suivant laquelle s'arrêtent tous les aimants est constante ; elle est du nord au sud ; par la seule inspection de cette ligne de repos, tous les points cardinaux et les directions intermédiaires nous sont indiqués. En pleine mer, au milieu des sables du désert, au centre d'une forêt vierge, alors même que les nuages, les tourbillons de neige, la pluie et les brouillards cachent, de nuit ou de jour, les étoiles ou le soleil, la ligne de repos de l'aimant nous montre le nord, la position de l'étoile polaire. Nous n'avons plus besoin de voir cet astre ; il nous suffit de savoir distinguer, par un signe quelconque, celle des extrémités de l'aiguille ou du barreau aimanté, qui se dirige de ce côté.

Désormais, les hardis voyageurs qui explorent le continent africain, les navigateurs plus intrépides encore qui tentent de faire le tour du globe, n'ont plus à craindre de perdre de vue le ciel; ils portent avec eux la ligne méridienne de l'endroit où il sont, et cette ligne leur montre le pôle. Ils possèdent l'instrument qui guide, qui conduit; ils ont la *boussole*.

— Comment s'appelle l'inventeur de la boussole? demanda André.

— Il me serait assez difficile, mon enfant, de répondre à votre question : Plusieurs nations se disputent l'honneur de cette merveilleuse découverte. Au dire de certains historiens, la boussole aurait été introduite de Chine en Europe, par le Vénitien Marc Polo, qui parcourait l'Asie centrale au XIIIe siècle. D'autres attribuent l'invention de cet instrument à l'Italien Flavio Gioïa, né à Amalfi vers la fin du XIIIe siècle. Mais aucune de ces opinions n'est exacte, attendu qu'il est question de l'usage de l'aiguille aimantée dans des écrits bien antérieurs au temps où vivaient

Marco Polo et Flavio Gioïa. Il paraît certain que la boussole est d'origine chinoise.

Cet instrument était d'usage, en Europe, sous une forme bien imparfaite, il est vrai, plus de trois cents ans avant le départ de Christophe Colomb. Simplement piquée au travers d'un ou de deux brins de paille, l'aiguille aimantée était posée sur l'eau, dans un bocal.

Telle est, suivant Hugues de Bercy, la boussole dont on se servait sous le règne de saint Louis.

C'est un Champenois, Guyot de Provins, qui nous a laissé la plus ancienne mention, écrite en français, de l'usage de la boussole; dès 1190, il indiquait comment les marins, lorsqu'ils perdaient de vue la *tramontane*, c'està-dire l'étoile polaire, pouvaient se guider au moyen de la boussole :

> « Quand la mer est obscure et brune,
> » Qu'on ne voit étoile ne lune,
> » Dont font à l'aiguille allumer
> » Puis n'ont-ils garde d'esgarer,
> » Contre l'étoile va la pointe. . . .
> . . . .

« Les capitaines qui naviguent dans la mer de Syrie, écrivait Bailak, en 1282, lorsque la nuit est tellement obscure qu'ils ne peuvent apercevoir aucune étoile, prennent un vase rempli d'eau qu'ils mettent à l'abri du vent, dans l'intérieur du navire ; puis ils enfoncent une aiguille dans une cheville de bois ou dans un chalumeau, de telle sorte qu'elle forme une croix ; ils la jettent dans l'eau et elle y surnage ; ensuite ils prennent une pierre d'aimant, ils l'approchent à la surface de l'eau, imprimant à leurs mains un mouvement de rotation vers la droite, en sorte que l'aiguille tourne à la surface de l'eau ; ils retirent, alors, leurs mains subitement ; et certes l'aiguille, par ses deux points, fait face au midi et au nord. Je leur ai vu, de mes yeux, faire cela, durant notre voyage par mer, de Tripoli de Syrie, à Alexandrie, l'an 640 (1242).

» On dit que les capitaines qui voyagent dans la mer de l'Inde, remplacent l'aiguille et la cheville de bois par un poisson de fer mince et creux, disposé de façon que, lorsqu'on le jette dans l'eau, il surnage, désignant, par sa tête et sa queue, le nord et le midi. »

— C'est absolument comme notre canard, dit Raoul.

— Mais, de combien de siècles faut-il reculer encore pour arriver à l'origine de la boussole?...

On trouve, au mot aimant, dans un célèbre dictionnaire chinois, terminé en l'an 121 de l'ère chrétienne : « Nom d'une pierre avec laquelle on peut donner la direction à l'aiguille. »

On raconte qu'environ onze cents ans avant l'ère chrétienne, trois ambassadeurs du royaume d'Annam, étant venus apporter, en don, des faisans blancs à l'empereur de Chine, s'égarèrent après leur départ. Dans l'impossibilité où ils étaient de continuer leur route, ils se virent dans l'obligation de revenir sur leurs pas. *Tcheou Choung*, apprenant leur mésaventure, leur fit donner cinq chars de voyage, construits de telle manière qu'ils indiquaient toujours la direction du sud. Les ambassadeurs, montés sur ces chars curieux, purent dès lors suivre leur chemin, et arrivèrent l'année suivante dans leur pays.

Un homme, *de bois*, était debout sur un pivot à l'avant de ces chars magnétiques ; son bras étendu renfermait un barreau d'acier aimanté. De quelque manière dont le char fût tourné, la main de cette figure montrait toujours le sud

Quand l'empereur sortait en cérémonie, il était toujours précédé d'un de ces chars qui indiquait les quatre points cardinaux.

L'histoire mythologique de la Chine fait remonter jusqu'au temps de l'empereur Hoang-ti, c'est-à-dire *deux mille six cent trente-quatre ans* avant Jésus-Christ, l'usage de ces chars magnétiques.

Tchi-Yeou s'était révolté contre l'autorité de l'empereur. Poursuivi par Hoang-ti et sur le point de tomber entre ses mains, il suscite un grand brouillard pour mettre le désordre dans l'armée impériale et se soustraire au châtiment qu'il avait encouru. Mais la puissance de Hoang-ti était plus grande que celle de son vassal révolté : Il construisit un char qui indiquait le sud, et qui, malgré l'épaisseur du brouillard, lui permit de poursuivre le rebelle, de l'atteindre et de le châtier.

Une tradition, consacrée au quinzième siècle, par un vers latin d'Antoine de Palerme, attribue à un Italien l'invention de la boussole :

« Flavio Gioïa, citoyen d'Amalfi, ville considérable du royaume de Naples, au golfe de Salerne, fit cette grande découverte, vers 1302. »

Tout ce que je viens de vous dire prouve surabondamment que Gioïa n'est pas l'inventeur de la boussole. Pour être vrai, il faudrait dire que Flavio Gioïa apporta à cet instrument de grands perfectionnements ; il disposa l'aiguille de manière à ce qu'elle pût tourner à sa guise dans une boîte si petite qu'on peut la mettre dans sa poche. Cela suffit bien, du reste, pour assurer à cet Amalfitain la reconnaissance de la postérité.

Puisque nos recherches historiques ne peuvent nous conduire à aucune de ces particularités remarquables qui, dans la biographie des découvertes, permettent d'en voir germer et grandir l'idée, nous allons simplement revenir à l'aiguille aimantée elle-même.

Vous savez comment se conduisent les diverses parties d'un aimant à l'égard des morceaux de fer doux et de la limaille de fer. Vous avez vu que l'action est plus vive aux extrémités et qu'elle est nulle vers certains points intermédiaires ; et, en outre, que les deux extrémités actives agissent de la même manière sur le fer doux, tandis qu'elles se comportent différemment en présence d'un autre aimant : L'une et l'autre de ces extrémités est alors alternativement attirante et repoussante, selon l'extrémité qu'un autre aimant lui présente.

Enfin, nous avons constaté que l'une de ces deux extrémités se tourne constamment vers le nord et l'autre vers le sud : Nous appellerons la première *extrémité nord*, et l'autre *extrémité sud*.

Nous nous sommes assurés, par le rapprochement de plusieurs aimants, que l'attraction a lieu entre l'extrémité sud d'un aimant et l'extrémité nord d'un autre aimant, et que la répulsion se produit toujours soit entre deux extrémités nord, soit entre deux extrémités sud. En un mot, les extrémités semblables se repoussent et les extrémités contraires s'attirent.

De là, on a été conduit à se demander si la direction constante de l'aiguille aimantée ne serait pas un exemple du même fait ; et si l'extrémité de l'aimant qui se tourne vers le nord ou celle qui se tourne vers le sud ne seraient pas sollicitées par les extrémités contraires de quelque puissant aimant.

Ce *grand aimant*, c'est *la terre* elle-même.

Les extrémités nord et sud de la terre prennent le nom de pôles ; ce nom passe aux deux extrémités distinctives de l'aimant mobile.

Seulement, comme entre les aimants ce sont les extrémités contraires qui s'attirent, on donne le nom de *pôle austral* à l'extrémité de l'aiguille qui se tourne vers le nord, et celui de pôle boréal, à l'extrémité qui se dirige vers le sud.

La propriété directrice de l'aimant ainsi rattachée à l'existence de pôles terrestres contraires, s'appelle *polarité*.

Nous avons toujours dit, jusque-là, que l'aiguille se dirige du nord au sud. Cela n'est pas tout à fait vrai ; avec un peu d'attention, nous verrons que nous nous sommes trop hâtés d'affirmer que l'aiguille tourne, *exactement*, l'une de ses extrémités vers l'étoile polaire.

Si nous l'observons bien par rapport à cette étoile, nous verrons qu'elle se porte un peu vers l'ouest. L'aiguille s'écarte donc de la ligne du vrai nord, et cet écartement prend le nom de *déclinaison*.

Cette déclinaison n'est pas la même d'un lieu à un autre ; pour une même année, sa valeur varie suivant les localités. Elle est actuellement, à Paris, d'environ vingt degrés vers l'ouest, tandis qu'au Groenland l'aiguille est exactement dans la direction de l'ouest,

Le capitaine Parvy a même trouvé un point, à l'ouest du Groenland, où le pôle boréal de l'aiguille était tourné vers le sud. D'autre part, il existe, à la surface du globe, des points où la déclinaison est complètement nulle, de sorte que le barreau aimanté indique rigoureusement la direction du nord.

A cette variation, dans la déclinaison, se rapporte une mémorable observation de Christophe Colomb. Voici en quels termes le fait est raconté par son fils Fernando :

« A cent cinquante lieues de l'île de Fer, ils virent dans la boussole, la nuit du 13 septembre 1492, que l'aiguille avançait plus qu'à l'ordinaire vers le nord, ce qui leur fit connaître qu'elle ne s'arrêtait pas juste à l'étoile polaire, mais à un autre point invisible et fixe. Ce mouvement surprit l'amiral, qui fut étonné bien davantage, trois jours après, ayant fait cent lieues plus avant, quand il vit que, la nuit, elle allait encore plus vers le nord, et que, le matin, elle s'arrêtait au point de l'étoile polaire, ce qui est un mouvement que personne n'avait jamais remarqué. »

Ajoutons que les équipages, frappés d'effroi, s'imaginèrent que la nature venait de changer sous ces latitudes inconnues, et que leur seul moyen de direction allait les abandonner.

Cette variation de la déclinaison, d'un lieu à un autre, une fois établie, il était nécessaire, pour l'usage nautique de la boussole, qu'elle fût connue à l'avance et constatée par des observations multipliées. C'est en 1599, que Simon Stevin dressa, en Hollande, les premières tables de déclinaison un peu précises.

XV

LE CALENDRIER

La mesure du temps : jours, heures, saisons, années. — Calendrier. — Connaissance exacte de l'année. — L'année civile et l'année solaire. — Conséquence d'une année trop courte. — Confusion. — Année bissextile. — Réforme Julienne. — L'année chez les Romains. — Année trop longue. — Réforme Grégorienne. — Le commencement de l'année. — Calendriers divers. — Le nom des mois. — Le nom des jours.

Nous avons vu, mes enfants, comment la rotation de la terre sur elle-même nous donne la durée du jour complet, comprenant le jour proprement dit et la nuit qui suit. Cet espace de temps a été divisé en 24 parties égales qui sont des *heures* ; chaque heure a été divisée en 60 *minutes*, et chaque minute en 60 *secondes*.

C'est donc le premier et le plus simple des mouvements de la terre qui nous fournit la mesure de ces petits espaces de temps qui règlent notre vie, nos travaux, qui fixent la durée de vos classes, de vos récréations, qui vous indiquent à quel moment précis vous devez partir de chez vous le matin et à quel autre moment vous devez y retourner le soir.

D'autre part, le second mouvement de la terre, sa révolution autour du soleil produit les *saisons* ; la durée de ce mouvement nous donne l'*année*. C'est donc encore au mouvement de la terre que nous empruntons la mesure de ces espaces de temps plus longs qui règlent les travaux des champs, permettent de calculer les dates de l'histoire, la durée de notre existence.

Grâce à ces précieuses indications, le cultivateur connaît l'instant précis où il doit ouvrir le sillon, celui où il doit confier la semence à la terre ; l'explorateur sait à quelle époque il doit entreprendre un long voyage, et le navigateur à quel moment il pourra, avec moins de danger, parcourir la vaste étendue des mers.

On appelle *calendrier* l'ensemble des règles qui servent à fixer la mesure du temps.

— D'où vient ce nom de calendrier ? demanda l'un des enfants.

— Le nom de calendrier vient de *calendes* : les calendes étaient, chez les Romains, le premier jour de chaque mois. Les Grecs ne connaissaient point les calendes ; c'est pourquoi l'on dit d'une chose, qu'elle est renvoyée aux *calendes grecques,* quand elle ne doit jamais arriver.

Le calendrier est donc la distribution du temps ou la division du temps en périodes plus ou moins longues, adoptées aux usages de la vie sociale. Par extension, on a également donné le nom de *calendrier* au tableau ou registre qui contient ces divisions et indique l'ordre des jours, des mois, des saisons et des fêtes, soit religieuses, soit civiles qu'embrasse le cours d'une année.

Ce qui a dû se présenter tout d'abord à l'esprit des hommes, c'est la division du temps en *jours*, marqués par chaque retour du soleil de l'orient ; en *mois lunaires*, marqués par le retour des mêmes phases successives de la lune ; en *saisons*, marquées par la réapparition périodique des mêmes phénomènes à la surface du globe ; et en *années solaires*, marquées par l'apparence de la révolution du soleil. Ces divisions, en effet, sont fondées sur des phénomènes très apparents dont la périodicité est régulière ; mais, ces diverses périodes ne concordant point exactement entre elles, on a dû tenter, chez la plupart des peuples, de les concilier.

Les résultats obtenus sont loin d'être les mêmes pour chaque pays ; ils ont été d'autant moins parfaits que la science astronomique était moins avancée ; et il en est résulté une extrême diversité des calendriers en usage chez les divers peuples et aux différentes époques.

La première chose qu'il était indispensable de bien connaître, c'est la durée exacte de l'année.

L'année ayant 365 jours, cela signifie que la terre tourne 365 fois sur elle-même en même temps qu'elle fait sa révolution autour du soleil.

— Mais vous nous avez dit, monsieur, observa Jules, que la terre met un peu plus de 365 jours pour opérer sa révolution.

— En effet, mon enfant, et la partie de jour qui est en plus, a causé beaucoup de complications et de malentendus. L'année a réellement 365 *jours*, 5 *heures*, 48 minutes et 48 secondes ; autant vaut-il dire 365 jours 6 heures, ou 365 jours et un quart de jour.

Je suppose que nous comptions 365 jours, tout juste, comme le firent les anciens Egyptiens, qui pourtant n'étaient pas des ignorants en astronomie, notre année aura quelques heures de moins que l'année naturelle.

— Qu'est-ce que cela peut faire, après tout? dit Raoul.

— Ce que cela peut faire, mon ami, vous le comprendrez bientôt : Au bout de 4 ans, le retard sera d'un jour ; au bout de 4 fois 365 ans, il sera d'une année entière. Examinons quelles pourraient bien être les conséquences d'une pareille manière de compter les années.

Partons de l'équinoxe de printemps, qui arrive le 21 mars, et prenons, pour l'année, 365 jours, c'est-à-dire un quart de jour en moins ; la quatrième année, nous serons en retard d'un jour ; et, si nous prenons encore le 21 mars pour l'équinoxe de printemps, nous nous tromperons, puisqu'en réalité il sera le 22 ; dans huit ans, nous serons en retard de deux jours; dans seize ans, l'erreur sera de quatre jours, dans trente-deux ans, de huit jours; au bout de cent-vingt ans, le retard sera d'un mois... Il arrivera alors que, lorsqu'on se croira à l'équinoxe de printemps, il faudra encore trente jours à la terre pour y arriver et pour que sa situation nous donne un jour égal à la nuit.

Au bout de trois cents ans, un calendrier, calculé sur une année de 365 jours, nous marquerait le printemps quand nous serions au plein cœur de l'hiver; bientôt les saisons seraient indiquées au rebours; l'été arriverait au moment des plus grands froids et l'hiver au moment des fortes chaleurs!... Loin de servir de règle à la division du temps, notre almanach indiquerait tout à l'envers, apporterait partout la confusion; nous ne saurions plus nous rappeler les époques des travaux champêtres, les anniversaires des fêtes, etc...

Ce serait comme autrefois à Rome où on en était arrivé à célébrer au printemps les fêtes de l'automne (les autumnalia) et où les fêtes de la moisson avaient lieu en plein hiver!!...

— Je n'avais pas réfléchi à tout cela, fit Raoul stupéfait.

— Comment, reprit André, a-t-on pu régulariser le calendrier ?

— Jules César voulut remédier à ce désordre ; et, assisté de l'astronome égyptien Sosigène, il entreprit de substituer la véritable année solaire à l'année civile. Le problème fut facilement et simplement résolu : Puisque, dit Sosigène, l'année solaire a un quart de jour en plus des 365 jours de l'année civile, elle a, tous les quatre ans, un jour d'avance ; ajoutons donc un jour, tous les quatre ans, à l'année civile, et au commencement de chacune de ces périodes, le retard de la terre n'existera plus.

— Rien de plus simple, en effet, dit Léon ; la différence n'ira plus en augmentant toujours, puisqu'elle sera réglée tous les quatre ans.

— Ce jour complémentaire se place à la fin du mois de février qui n'a habituellement que 28 jours, et qui en compte 29 tous les quatre ans, contribuant ainsi à former une année de 366 jours. Cette quatrième année s'appelle *bissextile*. L'année 1880 était bissextile ; les années 1884, et 1888, 1892, etc... le seront également.

— Pourquoi, demanda Jules, a-t-on donné à cette quatrième année le nom de bissextile ?

— Vous le comprendrez bientôt ; mais laissez-moi vous donner quelques explications nécessaires :

A Rome, chaque mois se divisait en trois parties ; les *calendes*, qui tombaient le premier du mois ; les *nones*, qui tombaient le cinquième jour ; et les *ides*, qui se plaçaient vers le treizième jour. D'autre part, les Romains comptaient les jours à rebours ; ainsi, les jours compris entre les calendes et les nones, s'appelaient jours avant les nones ; les jours compris entre les nones et les ides, s'appelaient jours avant les ides ; et ceux compris entre les ides et les calendes, jours avant les calendes.

Par exemple, le 30 mars était *le second avant les calendes d'avril* ; le 12 juin était le *premier avant les ides de juin*, etc...

Le 24 février était le *sixième avant les calendes de mars* (sexto kalendas) ; et le jour complémentaire, ajouté tous les quatre ans, se plaçait, précisément, entre le 23 et le 24 février ; mais il ne fallait pas, à cause de cela, paraître changer le compte des jours de février, en porter le nombre de 28 à 29 eût été un sacrilège qui pouvait attirer sur la nation de grands malheurs. Ce jour complémentaire fut, en quelque sorte, caché entre deux autres; ce fut un second *sexto kalendas*, ou un *bis sexto kalendas*, d'où *bis sextus, bissextile*. Voilà comment le terme d'année bissextile nous a été imposé par la superstition des Romains.

— Mais pourquoi, demanda Raoul, le jour complémentaire a-t-il été ajouté au mois de février plutôt qu'à un autre?...

— Je pourrais vous répondre que ce choix s'imposait naturellement, parce que le mois de février était plus court que les autres; mais il y a, à cela, d'autres raisons : L'année, chez les Romains, commençait le 1er mars; avril était le second mois, mai le troisième, septembre le septième, etc... et février le dernier; il était donc naturel de mettre le jour supplémentaire à la fin de l'année, c'est-à-dire au bout du mois de février. Je vous ai dit comment on avait, pour ainsi dire, caché ce jour entre le 23 et le 24; mais à cela, il y avait encore une raison : Le 24 février était un jour célèbre dans les fastes de Rome : Le dernier roi, Tarquin le Superbe, qui s'était rendu odieux par ses crimes, avait été chassé l'an 224 de Rome, *le 24 février.*

Nous avons conservé le jour supplémentaire qui nous est indispensable pour établir notre compte, tous les quatre ans; mais nous n'avons pas les mêmes raisons qu'eux pour le dissimuler, et, toutes les quatre années, nous comptons bravement le 29 février.

Le nouveau calendrier fut appelé du nom de Jules César, *calendrier Julien*, et la réforme, qui en avait été la base, *Réforme julienne.*

— Savez-vous, mes enfants, comment il est facile de connaître si une année sera bissextile, et si, par conséquent, le mois de février sera de 29 jours?

— Vous nous avez dit, Monsieur, il y a déjà longtemps, que le chiffre de toutes les années bissextiles est divisible par 4 : Ainsi 1876 était bissextile; 1872 l'était également, comme 1880, et comme le sera 1884.

— Il y a, cependant, à cette règle, une exception dont je vous parlerai tout à l'heure.

La réforme julienne eut lieu 46 ans avant Jésus-Christ; mais le nouveau calendrier ne fut pas adopté immédiatement dans tous les pays. Aujourd'hui encore, il y a des peuples qui comptent par mois lunaires; ainsi, l'année des mahométans, par exemple, n'a que 354 jours, sans aucune intercalation; de telle sorte que le premier jour de leur année arrive tantôt dans une saison, tantôt dans une autre.

Il ne faudrait pas croire, mes amis, que le Calendrier Julien fût irréprochable. L'année de 365 jours était trop courte, l'année de 366 jours est trop longue, puisque ce n'est pas au bout de 366 jours et 6 heures, mais bien au bout de 365 jours, 5 heures, 48 minutes et 4 secondes, que la terre revient, tous les ans, à son point de départ.

— Il y a, en effet, dit André, une différence de 11 minutes et 12 secondes.

— Cette différence de moins d'un quart d'heure peut vous paraître peu de chose, mais elle ne tarde pas à devenir sensible, et, avec le nombre des années, l'équinoxe de printemps aurait fini par tomber en janvier.

Au bout de 128 ans, la différence est d'un jour; au bout de 1,280 ans, elle est de dix jours.

Pour rétablir l'ordre que la différence, sans cesse ajoutée, avait considérablement troublé; le pape Grégoire XIII, en 1582, fit ce qu'avait fait Jules César, 46 ans avant Jésus-Christ : il s'éclaira des lumières d'un savant astronome, et parvint à obtenir une réforme depuis longtemps réclamée.

On supprima d'abord 10 jours, comptés en trop depuis le temps de Jules César; puis, on décida, qu'à l'avenir, le jour supplémentaire de l'année bissextile serait supprimé 3 fois en 400 ans.

Dans le Calendrier Julien, toute année dont le millésime est divisible par 4 est bissextile; et, en particulier, toutes les années séculaires : 1600, 1700, 1800, 1900, sont, en effet, divisibles par 4. Il fut convenu que, parmi les années séculaires, celles-là seules, qui se composeraient d'un *nombre de siècles* divisible par 4, seraient bissextiles. Ainsi, 1600 est bissextiles; mais 1700, 1800 et 1900 ne le sont pas; 2000 est bissextile; mais 2100, 2200, 2300 ne le sont pas, etc...

La nouvelle réforme, qui a été appelée *grégorienne*, du nom du pape Grégoire, peut se résumer ainsi : Tous les quatre ans, il y a une année bissextile, à l'exception des années séculaires dont le chiffre n'est pas divisible par 4.

Cette réforme assure la fixité de la date de l'équinoxe du printemps, à deux jours près, au bout d'une période de dix mille ans!...

— Nous avons dit qu'en 1582, il fallait ramener à sa vraie date l'équinoxe du printemps, déjà reculé de dix jours ; pour cela, le lendemain du 4 octobre s'appela le 15 octobre ; mais ce dérangement dans les habitudes ne fut pas accepté sans murmures.

La France adopta la réforme le 10 décembre 1582 ; les pays catholiques d'Allemagne, en 1584, et les pays protestants en 1600 ; l'Angleterre ne s'y rallia que le 3 septembre 1752 ; et il se passa, à cette occasion, un fait assez curieux :

« L'année 1752 avait commencé le 25 mars ; quand on réforma, en septembre, le Calendrier Julien, on fit remonter l'année 1752 au 1er janvier ; de telle sorte que l'année 1751 avait perdu trois mois. Une révolte faillit avoir lieu à Londres. On poursuivit lord Chesterfield, le promoteur du décret, en criant : « Rendez-nous nos trois mois. » Peu de personnes, dit Arago, consentaient à vieillir subitement de trois mois entiers, même quand tout disait que c'était une simple apparence. »

La Russie n'a pas consenti à compter le Calendrier grégorien ; le commencement de son année a donc lieu plus tard que le commencement de la nôtre; cette différence est facile à établir. Elle se compose de dix jours qui n'ont pas été supprimés en 1582, d'un jour en 1700 et d'un autre jour en 1800 ; en tout, 12 jours.

Le premier jour de l'année russe correspond donc à notre 12 janvier.

Le commencement de l'année a beaucoup varié. Sous Numa, l'année des Romains commençait en mars. Jules César avait eu l'idée de commencer l'année au jour le plus court, le 24 décembre, l'an 46 avant Jésus-Christ ; mais, pour flatter la superstition romaine, il recula cette date de sept jours, pour faire coïncider avec la nouvelle lune le commencement de la première année réformée.

Les Francs modifièrent le Calendrier de César et placèrent le premier de l'an au milieu du mois de mars. Charlemagne emprunta à l'Italie l'usage de commencer l'année à Noël. Au Xe siècle, on abandonna la date de Noël pour celle de Pâques.

En 1563, Charles IX rendit un édit qui ne fut appliqué qu'en 1567, et par lequel le commencement de l'année était fixé au 1ᵉʳ janvier. Lorsque le pape Grégoire XIII réforma le calendrier, il conserva au 1ᵉʳ janvier l'origine de l'année.

— Je voudrais bien savoir, demanda Léon, ce que signifie le mot année ?...

— Le mot année (du latin *annus*, *annulus*) signifie *anneau*, parce qu'il indique le temps que met la terre à décrire un cercle entier, un anneau autour du soleil.

— Je désirerais bien aussi connaître, dit Raoul, la signification du nom des mois?

— Primitivement, les Romains n'avaient pas donné aux mois de noms particuliers; ils étaient simplement désignés par leur rang: on disait le premier, le deuxième ;..... septembre était le septième; octobre arrivait le huitième, etc.

Plus tard, on leur imposa des noms:

Le premier de leurs mois porte le nom de *Mars*, le dieu de la guerre, le dieu de cette force brutale qui, de nos jours encore, prime souvent le droit. Mars, dont Romulus prétendait descendre, était fort révéré chez tous les peuples de l'antiquité.

Avril vient du mot latin *aperire*, qui veut dire *ouvrir*. On en a fait *aprilis*, *avril*. Ce mois a été ainsi nommé, soit parce qu'à cette époque les bourgeons commencent à s'ouvrir, les fleurs à s'épanouir, soit parce que la terre ouvre son sein en se couvrant d'une végétation nouvelle.

L'origine du mot *Mai* n'est pas bien établie. Les uns prétendent que ce mois était consacré à la déesse Maïa, fille d'Atlas et mère de Mercure; les autres, qu'il était consacré aux anciens, aux sénateurs, et qu'il vient du mot latin *majores*, qui signifie homme âgé.

Juin porte le nom défiguré de *Junon*, femme de Jupiter; certains auteurs le font venir de *juniores* (jeunes gens), parce que, dans ce mois, on célébrait la fête de la jeunesse.

L'année même de la mort de Jules César, 44 ans avant Jésus-Christ, Marc-Antoine, voulant honorer sa mémoire, fit remplacer le nom de *Quintilis* (cinquième mois) par celui de *Julius* (Jules) dont nous avons fait *juillet*.

Août vient d'*Augustus* (Auguste), en mémoire des nombreux services rendus par l'empereur Auguste.

Septembre signifie le *septième mois*; octo-

bre, veut dire le *huitième* ; *novembre*, le *neuvième*, et *décembre*, le *dixième*.

Numa donna au premier des deux mois qu'il introduisit dans le Calendrier romain le nom de *Januarius*, en l'honneur du roi *Janus* ; nous en avons fait *janvier*.

Notre deuxième mois du Calendrier actuel fut appelé *février*, du mot latin *februare*, qui signifie purifier. Dans ce mois, on célébrait en l'honneur des morts des fêtes expiatoires désignées sous le nom de *Februales*.

Je vais maintenant vous donner quelques explications sur la semaine :

Le mot *semaine* vient encore du latin *septimana* et signifie période de sept jours.

Depuis des milliers d'années, les hommes ont observé sept astres qui, en apparence, se meuvent au ciel : C'étaient le soleil, la lune, et les cinq planètes alors connues, car depuis cette époque lointaine, on en a découvert d'autres. On leur consacre les sept jours de la semaine en l'honneur des sept fils de Saturne, que Rhéa avait sauvés de l'estomac paternel en donnant à Saturne des pierres à dévorer.

Nous avons conservé ces noms tels qu'ils existaient chez les Romains.

Lundi, jour de la lune (lunæ dies).
Mardi, jour de Mars (Martis dies).
Mercredi, jour de Mercure (Mercurii dies).
Jeudi, jour de Jupiter (Jovis dies).
Vendredi, jour de Vénus (Veneris dies).
Samedi, jour de Saturne (Saturni dies).
Dimanche, jour du Seigneur (dies domenica).

Le mot latin *dies* signifie *jour*.

Le premier jour, chez les anciens, était le *jour du soleil* (solis dies), et cette dénomination est encore conservée chez les Anglais et les Allemands.

L'année commune se compose de *cinquante-deux semaines*, plus *un jour*. Le dernier jour de l'année est donc du même nom que le premier ; l'année 1881 a commencé par un samedi, et finira de même par un samedi. L'année 1882 commencera par un dimanche et finira par un dimanche ; 1883 commencera et finira par un lundi. Tous les jours de l'année, à la même date du mois, se trouvent ainsi avoir avancé d'un jour dans la semaine. Mais, à l'année bissextile, février ayant un jour de plus (29 jours au lieu de 28), les dates, à partir de ce jour, ont avancé d'un nouveau rang dans la semaine, ce qui fait deux jours de différence pour l'année suivante.

XVI

L'AIR

L'air; son rôle. — L'atmosphère. — L'air est pesant. — Expériences. — Ascension des liquides dans le vide des tubes. — Le chalumeau de paille. — Equilibre rompu. — Les petites pompes. — Expériences. — Le rôle du piston. —

Hier, lorsque je disais à l'un de vous d'ouvrir les fenêtres de la classe pour renouveler l'air, vous m'avez demandé ce que c'est que *l'air*, dont on vous parle sans cesse, mais que vous ne connaissez pas. J'ai remis à aujourd'hui la réponse à votre question ; et, si vous voulez me prêter quelque attention, je vais vous entretenir de ce fluide transparent et léger qui nous entoure de toutes parts et sans lequel nous ne pourrions vivre.

L'air est ce gaz au milieu duquel nous marchons et que nous ne voyons pas lorsque nous n'en considérons qu'une petite quantité; il prend un aspect bleuâtre lorsqu'il se présente à nous en masse considérable ; cette fameuse voûte bleu qui s'étend au-dessus de nos têtes et dont nous avons souvent parlé dans nos premières leçons, n'est autre chose que la couche épaisse d'air qui forme notre *atmosphère*.

Ce fluide joue le premier rôle dans une foule de phénomènes qui, sans cesse, se renouvellent devant nous. Depuis le commencement jusqu'à la fin de notre vie, il alimente notre poitrine ; il nous en faut constamment ; nous en absorbons, sans y penser, environ vingt fois par minute ; il nous est plus indispensable que le pain ; les animaux et les plantes elles-mêmes ne pourraient vivre sans air. Sans lui, nous ne pourrions entretenir ni feu, ni lumière.

C'est l'air qui couvre le fer de rouille, qui fait naître sur le cuivre le vert-de-gris, qui noircit le mercure et ternit le zinc, le plomb et l'étain ; c'est encore lui qui corrompt les viandes, rancit les huiles, le beurre et la graisse.

Sans la présence de l'air nous n'entendrions ni la voix de celui qui nous parle, ni le son de la cloche, ni celui du tambour, ni l'éclat retentissant du tonnerre ; aucun bruit n'arriverait à notre oreille.

C'est l'air mis en mouvement par les changements de température qui produit les vents, les ouragans et les tempêtes ; c'est lui encore qui permet aux nuages de flotter dans l'espace, d'aller partout distribuant la pluie bienfaisante qui rafraîchit et qui féconde.

L'atmosphère, je vous l'ai dit, est cette immense couche fluide, formée d'un mélange de gaz et de vapeurs qui entoure notre globe de toutes parts, le suit dans toutes ses révolutions et se trouve ainsi emportée avec lui dans l'espace.

— Que signifie le terme d'atmosphère ? demanda Léon.

Le mot atmosphère veut dire, à peu près, *sphère de vapeurs*. C'est, en effet, une sphère immense qui enveloppe une autre sphère, la terre, comme la pulpe d'une cerise en enveloppe le noyau. Nous allons d'abord nous occuper de la pesanteur de cette couche d'air, ou, en d'autres termes, de la pression qu'elle exerce sur la terre et sur tous les corps situés à sa surface.

— Mais, monsieur, dit André, l'air que

nous ne sentons pas, à moins qu'il ne soit agité, est donc pesant ?

— Oui, mon enfant, l'air est pesant : Cette pesanteur avait bien été soupçonnée par quelques anciens philosophes ; mais ce n'est que vers le milieu du XVIIe siècle que cette propriété a été démontrée expérimentalement. Galilée, puis Toricelli et Pascal établirent d'une manière irréfutable, par de nombreuses expériences, que l'air est pesant. Vous mêmes, mes amis, vous vous livrez fréquemment à des exercices qui prouvent clairement cette vérité.

— Je ne comprends pas, dit Raoul, comment on peut mettre de l'air dans une balance, pour le peser.

— A défaut de ce procédé, une pompe ou un baromètre vous diraient ce que pèse l'atmosphère, mais voyons si nous ne découvrirons pas quelqu'autre moyen de constater le poids de l'air ? Ne pourrions-nous pas démontre, par exemple, qu'une bouteille vide d'air pèse moins qu'une bouteille pleine d'air ?

— Je ne sais, dit Jules, si la bouteille vide d'air pèsera moins que la bouteille pleine d'air ; mais ce qui me paraît bien difficile, c'est d'extraire l'air de la bouteille pour la peser vide.

— C'est une chose bien facile, cependant, dans les cabinets de physique où l'on possède un instrument qui enlève l'air d'une bouteille, absolument comme la pompe enlève l'eau des puits. Mais nous n'avons pas de cabinet de physique, nous ne pouvons pas nous servir de la *machine pneumatique*, qui nous manque. Je ne désespère pas, néanmoins, de vous faire constater que l'air est pesant.

Voici une bouteille qui contient un peu d'eau : Faisons bouillir pendant quelque temps l'eau qui est au fond de cette bouteille ouverte. Pour plus de commodité et pour que la bouteille ne se brise pas, plongeons-la dans ce grand vase plein d'eau dont la température sera bientôt portée à l'ébullition... Voici la vapeur qui monte... elle chasse l'air dont elle prend la place...

Bouchons la bouteille et faisons-la refroidir en la trempant doucement dans l'eau froide : La vapeur, en se refroidissant, redevient de l'eau ; et s'il reste encore de l'air, ce n'est plus qu'en très petite quantité. Nous pouvons donc dire que la bouteille ne contient plus que de l'eau et un espace vide.

Pesons la bouteille, et notons son poids... Voilà qui est fait... Ouvrons-la maintenant et replaçons-la sur le plateau de la balance. Voyez : elle est plus lourde que tout à l'heure; le plateau qui la contient s'incline. Que renferme-t-elle donc de plus ? Rien autre chose que l'air qui vient d'y rentrer : Donc, cet air pèse quelque chose.

Certes, si nous n'en considérons qu'une petite quantité, le poids est peu appréciable, puisqu'un litre d'air pèse à peu près 770 fois moins qu'un litre d'eau ; ce poids n'est pas tout à fait de 1 gramme 3 décigrammes. Mais si nous envisageons cette énorme masse, qui, tout autour de la terre, s'étend au-dessus des plus hautes montagnes, au-dessus des nuages les plus élevés, c'est un poids effrayant que nous aurons à constater, puisque, la colonne supportée par chacun de nous n'est pas moins de 17,000 kilogrammes !...

Nous sommes plongés dans cet abîme d'air, comme les poissons sont plongés dans des abîmes d'eau ; peut-être comprendrez-vous bientôt pourquoi nous n'en sommes pas écrasés.

Voyez cette cuvette : L'eau qu'elle contient présente une surface parfaitement unie ; la masse d'air, en effet, pesant de la même manière sur tous les points de cette surface et se faisant contrepoids à elle-même, l'eau dans la cuvette, doit se tenir partout à la même hauteur. Plongez dans cette eau ce tube de verre ouvert aux deux bouts : L'eau reste, à la même hauteur, dans la cuvette et dans le tube ; et il doit en être ainsi, puisque le poids de l'air qui agit sur l'eau du tube est le même que celui qui agit sur l'eau qui est à côté.

Faisons en sorte, maintenant, que la masse de l'air, continuant de peser à la surface de l'eau qui est dans la cuvette, ne pèse plus à la surface de l'eau qui est dans le tube. Devinez-vous ce qui se produira ?

— Oui, monsieur, dit Léon, l'eau pressée dans la cuvette par tout le poids de la masse d'air montera dans le tube de verre où rien ne fera plus contrepoids. Mais, pour obtenir ce résultat, il nous faudrait, sans doute, l'instrument dont vous nous avez parlé?

— Cela est inutile, mon enfant ; chacun de nous porte avec lui une machine pneumatique d'un facile emploi quand il ne s'agit que de retirer l'air d'un tube étroit. Cette machine, c'est notre bouche, au moyen de laquelle nous pouvons aspirer l'air d'un tube pour le faire entrer dans notre poitrine.

— Raoul, que j'ai vu, pendant la récréation, boire au moyen d'un chalumeau de paille, ne pensait guère en ce moment, au rôle qu'il faisait jouer à l'atmosphère. Il va prendre le tube de verre et renouveler devant nous l'expérience...

Regardez, mes enfants, à mesure que votre camarade aspire l'air, l'eau monte dans le tube, l'air a été complètement enlevé : voici l'eau qui arrive dans sa bouche.

Jules va, à son tour, nous dire en quoi consiste le phénomène.

— Je ne sais, monsieur, si je m'exprimerai bien ; il me semble, cependant, avoir bien compris vos explications : Le poids de la masse de l'air sur l'eau de la cuvette était contrebalancé par le poids de la même masse d'air sur l'eau du chalumeau de verre. Raoul supprime ce contrepoids en faisant le vide dans le tube ; et aussitôt le poids de la masse d'air sur l'eau n'étant plus tenu en équilibre, fait monter l'eau dans le chalumeau. Cela me produit l'effet d'une balance dans l'un des plateaux de laquelle il y a un poids de un kilogramme et dans l'autre un morceau de sucre de un kilogramme. Dès qu'on enlève le morceau de sucre en maintenant les poids, le plateau vide monte immédiatement parce que l'équilibre est rompu.

— Il y a quelque temps, je vous ai interdit un jeu dont vous abusiez un peu pendant les récréations, pour répandre de l'eau sur les vêtements de vos camarades. Quelques-uns d'entre vous s'étaient procuré des morceaux de branches de sureau de vingt à trente centimètres de longueur dont ils avaient retiré la moelle ; après avoir passé dans ces espèces de tubes une baguette munie d'étoupes à son extrémité et formant dans leur intérieur un petit bouchon bien juste et bien glissant, ils aspiraient l'eau en retirant la baguette et la rejetaient en la repoussant. C'étaient absolument des tuyaux de *seringues*, ou, ce qui est la même chose, de petits tuyaux de pompe.

Vous avez, sans vous en douter, fabriqué un jouet scientifique que nous allons reproduire avec notre tube de verre. Cette petite tige de fil de fer nous servira de baguette; nous allons la munir, à son extrémité, d'un petit bouchon bien juste, bien glissant, entouré de filasse, bien graissé, et qui, pour le moment, ferme hermétiquement le tuyau par en bas. Plongeons cette extrémité de notre petite pompe dans la cuvette, et tirons à nous le petit bouchon au moyen de la tige ; regardez, et dites-moi ce qui se passe.

— Le bouchon, en montant, dit André, enlève l'air du tube ; il n'en reste pas au-dessous de lui ; c'est donc le *vide* qui se produit entre l'eau et le bouchon. Le poids de l'air sur l'eau de la cuvette étant sans contre-poids dans l'espace vide, l'eau y monte comme elle le faisait il y a un instant, lorsque Raoul aspirait avec la bouche.

— Si, maintenant, nous trouvons un moyen de déverser au dehors l'eau puisée dans l'espace vide que le petit bouchon laisse au-dessus de lui, nous aurons une véritable pompe.

Faisons une dernière expérience avec cet instrument qui n'est autre chose qu'une *seringue*. Je vous vois sourire ; mais il me semble que vous comprendrez mieux le mécanisme de la pompe quand vous aurez bien étudié celui de la seringue.

Si nous plongeons dans l'eau l'extrémité, le *bec* de cet instrument, et que nous tirions la tige qui porte le bouchon garni d'étoupe appelé *piston*, à mesure que l'air se dilate, qu'un vide relatif se produit, l'eau monte progressivement dans la seringue, comme elle montait dans vos tubes de sureau et dans notre tuyau de verre. Si nous repoussons le piston, l'air qui reste se trouve comprimée, il refoule l'eau, qui revient à son premier niveau, pour remonter encore si nous tirons de nouveau le piston.

Ce que je veux vous faire remarquer, c'est que la seringue, au lieu d'être partout du même calibre, comme les tubes dont nous nous sommes servis jusqu'à présent, se compose d'une partie plus large, dans lequel se meut le piston, et d'une partie plus étroite qui est le bec, l'extrémité : C'est tout à fait la disposition de la pompe dont nous parlerons prochainement.

XVII

LES POMPES

Les deux soupapes. — La pompe aspirante. — Comment l'eau se déverse. — La pompe foulante. — Le piston plein. — La pompe aspirante et foulante. — La pompe à incendie. — La machine pneumatique. — Expériences dans le vide. — Le poids de la masse d'air. — Le tube plein de mercure.

Supposons, au point de jonction de la partie large de la seringue et de la partie étroite, une soupape ou clapet, une petite porte, enfin, s'ouvrant de bas en haut comme le couvercle d'une tabatière; supposons encore que le bouchon qui glisse dans le tube de verre, ou le piston qui glisse dans la seringue, au lieu d'être plein et fermé, soit muni d'une autre petite porte semblable; il vous est facile d'entrevoir ce qui se passera.

L'eau, pour monter dans l'espace vide du corps de pompe ouvrira la première de ces petites portes, la première soupape; elle continuera son ascension, jusqu'au moment où l'on fera redescendre le piston; alors, le poids de cette eau fera refermer la soupape du corps de pompe et le liquide, ne pouvant plus retourner dans le réservoir qui le contenait, sera forcé de passer par le piston dont il soulèvera également la soupape; mais ce liquide, pesant sur la petite porte, la refermera, de sorte qu'en faisant remonter le piston, vous entraînerez l'eau qu'il supporte. Si vous avez eu soin de percer, sur le côté, le haut de votre corps de pompe, cette eau sera rejetée au dehors : Vous pourrez la recueillir dans un vase, dans un seau, dans un bassin, dans une cuvette. Si l'on tire une seconde fois la tige, une nouvelle masse d'eau pénètre de la même façon dans le corps de pompe, et passe au-dessus du piston quand celui-ci redescend.

Voilà exactement la disposition de la *pompe aspirante*.

Le piston est mu à l'aide d'une tige mise en mouvement au moyen d'un levier coudé appelé *brimbale*.

La soupape inférieure est appelée *soupape dormante*, parce qu'elle ne change jamais de place le long du tuyau; l'autre, au contraire, adaptée à l'orifice pratiqué dans l'axe du piston, suit ce dernier dans tous ses mouvements.

Supprimons le tuyau d'aspiration et la soupape du piston, tout en conservant la soupape du bas du corps de pompe ; plongeons la partie inférieure du corps de pompe dans le réservoir d'alimentation, nous aurons la *pompe foulante*, dans le jeu de laquelle la pression atmosphérique ne joue aucun rôle.

Nous avons ajouté au bas du corps de pompe, un tuyau par où l'eau puisse s'élever et sortir, et à l'orifice duquel une soupape a été disposée de façon à se soulever, à s'ouvrir de dedans en dehors, pour donner passage à l'eau refoulée par le piston.

Quand le piston est au haut de sa course, l'eau soulève la soupape par le seul effet de sa pression, et monte pour se mettre de niveau avec l'eau du réservoir.

Lorsqu'il redescend, la compression qu'il exerce sur le liquide intérieur pousse la soupape dormante contre l'orifice du corps de pompe qui se ferme et s'oppose à la sortie de l'eau ; la soupape latérale, au contraire, s'ouvre, parce qu'elle est pressée de dedans en dehors, et l'eau, passant dans le tuyau d'ascension, s'y élève à une hauteur qui dépend du diamètre de ce tuyau comparé à celui du corps de pompe.

Enfin, lorsque le piston remonte, la soupape latérale est fermée par la pression de la colonne liquide qui se trouve au-dessus, tandis que la soupape du corps de pompe se soulève de nouveau et ainsi de suite...

La *pompe aspirante et foulante* est une simple combinaison des deux espèces de pompes dont nous venons de parler. Au lieu de plonger immédiatement dans le réservoir, le corps de pompe est muni, à sa partie inférieure, d'un tuyau d'aspiration qui plonge dans le liquide.

Quand le piston plein se lève, l'air renfermé dans le tuyau d'aspiration se raréfie, la soupape dormante s'ouvre, l'eau s'introduit dans le corps de pompe; puis cette soupape s'abaisse en même temps que le piston ; et pendant ce temps, la soupape du tuyau d'ascension s'ouvre à son tour pour donner passage au liquide qui, après quelques coups de pistons, est rejeté à l'extérieur.

C'est en 1705, à l'occasion de l'incendie de l'église du Petit-Saint-Antoine, à Paris, que la première pompe à incendie fit son apparition.

La *pompe à incendie* se compose de deux pompes foulantes accouplées dans un même bassin. Les tiges des pistons sont mises en mouvement au moyen d'une grande barre, formant un double levier, de telle sorte que, lorsqu'un des pistons monte, l'autre descend ; on obtient ainsi un jet continu.

C'est encore au moyen d'une petite pompe foulante, mise en mouvement par un mécanisme d'horlogerie, que l'huile monte dans les lampes Carcel pour imbiber la mêche.

— Est-ce que, demanda André, la machine pneumatique n'est pas aussi une espèce de pompe ?

— C'est, en effet, mon enfant, une espèce de pompe qui, au lieu d'aspirer l'eau d'un réservoir, aspire l'air d'un récipient où l'on veut faire le vide. Peut-être serait-il plus exact de dire que la machine pneumatique sert à raréfier l'air, car elle ne peut donner le vide absolu.

La *machine pneumatique* a été inventée, en 1650, par Otto de Guéricke, bourgmestre de Magdebourg. La machine d'Otto n'avait qu'un seul corps de pompe, tandis qu'aujourd'hui elle se compose d'un système de pompes aspirantes jumelles : C'est un physicien anglais qui, le premier, imagina ce perfectionnement.

Les soupapes sont exactement disposées comme dans la pompe à eau ; et la machine fonctionne absolument de la même manière.

Dans chacun des deux corps de pompe se meut un piston doublé de cuir, et muni d'une soupape s'ouvrant de bas en haut. La tige des pistons est à crémaillère et vient s'engréner avec une roue dentée établie entre les deux tiges. A l'aide d'une barre double, comme celle de la pompe à incendie, on fait tourner la roue, tantôt dans un sens, tantôt dans l'autre, et communiquer aux tiges, et par suite aux pistons, un mouvement alternatif d'ascension et de descente.

On place les cloches ou les autres vases dans lesquels on veut faire le vide sur un plateau bien dressé au centre duquel vient déboucher le tuyau d'aspiration.

C'est à l'aide de la machine pneumatique qu'il est possible d'étudier les différents phénomènes que présentent les corps placés dans le vide : On constate, par exemple, que les animaux ne peuvent vivre sans air, que la bougie s'éteint quand elle en est privée, qu'une clochette ne propage plus ses vibrations argentines, etc. Dès qu'on a fait le vide, on peut avoir une idée des puissants effets de la pression atmosphérique : L'homme le plus vigoureux ne peut plus séparer la cloche du plateau avec lequel elle paraît faire corps.

Mais il est temps de revenir à nos premières expériences et d'expliquer les autres conséquences remarquables dont elles ont été l'objet.

Nous savons maintenant, à n'en pas douter, que le poids de la masse de l'air fait monter l'eau de la cuvette dans le vide du tube de verre, que c'est également le poids de l'atmosphère qui nous permet de boire avec un chalumeau de paille, et qui élève l'eau dans le corps d'une pompe.

Pourriez-vous me dire ce qu'il faudrait dans le corps de pompe ou dans le tube de verre pour faire contrepoids, pour équilibrer le poids de la masse d'air?

— Il faudrait, répondit Jules, un poids d'eau égal au poids de cette même masse d'air.

— L'expérience a démontré, en effet, mes amis, que l'eau ne monte pas à plus de dix mètres environ, dans le vide du corps de pompe, lors même qu'il existe encore de l'espace au-dessus. André va nous dire ce que cela signifie.

— Cela veut dire, monsieur, que dix mètres d'eau, environ, font équilibre au poids de la masse d'air qui presse sur l'eau du réservoir ; ou, ce qui est la même chose, que l'enveloppe d'air qui entoure la terre pèse exactement autant qu'une enveloppe d'eau de dix mètres d'épaisseur.

— Si l'on pouvait, dit Raoul, mettre sur le plateau d'une balance une colonne d'air montant jusqu'aux limites de l'atmosphère, il faudrait, pour lui faire équilibre, placer dans l'autre plateau, d'une surface égale, une colonne d'eau, d'environ dix mètres de hauteur.

— Reprenons cette expérience avec un autre liquide, pour nous assurer que les résultats viennent bien corroborer ce que nous avons déjà constaté.

Voici du *mercure* ou *vif argent*, espèce de métal liquide fort lourd, puisqu'un morceau de fer flotte à sa surface comme un morceau de liège flotte sur l'eau. Il est treize fois et cinquante-neuf centième de fois plus lourd que l'eau ; prenons, en chiffre rond, treize fois et demie. Il est évident que le poids de la masse d'air, qui est toujours le même, devra faire monter, dans la cuvette à mercure, ce métal liquide à une hauteur treize fois et demie moindre qu'il ne faisait monter l'eau dans le corps de pompe. C'est précisément ce qui a lieu : L'eau monte à dix mètres environ; le mercure ne monte qu'à soixante-seize centimètres.

Cela veut dire que la couche atmosphérique, ou bien une couche d'eau de dix mètres d'épaisseur, ou bien encore une couche de mercure de soixante-seize centimètres, ont exactement le même poids.

Prenons ce tube de verre qui a quatre vingt-cinq centimètres de longueur ; il est ouvert à un bout et fermé à l'autre ; emplissons-le de mercure. Bouchons avec le doigt l'extrémité ouverte pour empêcher la chute du mercure ; renversons-le, et plongeons cette extrémité ouverte dans cette cuvette qui contient aussi du mercure. De cette façon, le haut du tube qui se trouvera vide de mercure sera vide d'air; *rien* ne pressera plus sur le mercure du tube, tandis que la pression atmosphérique continuera à agir sur le mercure de la cuvette : Voyez!... le mercure descend un peu ; il oscille : il s'arrête ; mesurons la hauteur de la colonne de mercure au-dessus du niveau du mercure de la cuvette : nous trouvons juste soixante-seize centimètres !

XVIII

L'ATMOSPHÈRE

L'horreur du vide. — Pourquoi l'eau s'arrête dans le corps de pompe. — Le tube de Toricelli. — Expériences de Pascal. — Différences de pression. — Quelle pression nous supportons. — Pression totale exercée sur le globe. — Conséquences de l'augmentation et de la diminution brusques dans la pression atmosphérique. — Expériences diverses. — Le tonneau percé. — Un verre d'eau renversé. — Le tâte-vin. — Le parchemin crevé. — Les hémisphères de Magdebourg. — La pression intérieure. — Expériences. —

C'est seulement en 1640 que Galilée a démontré que l'air est pesant. Jusque-là, on expliquait l'ascension de l'eau dans les pompes, en disant que la *nature a horreur du vide*.

Des fontainiers de Florence s'aperçurent que l'eau ne montait dans le corps de pompe que jusqu'à une hauteur de trente-deux pieds ; environ dix-mètres trente centimètres. Ils se demandèrent, avec raison, comment la nature n'avait horreur du vide que jusqu'à la hauteur de trente-deux pieds, et comment il se faisait que l'eau ne s'élevât pas davantage, même quand il restait encore au-dessus un espace vide dans le corps de pompe.

La question fut ainsi posée à Galilée qui, préoccupé d'autres travaux, chargea Toricelli, son disciple, de vérifier le fait. En 1642, la mort surprit le grand physicien ; et un an plus tard, Toricelli s'imagina de chercher jusqu'à quelle hauteur s'élèverait, dans le vide, le mercure, qu'il savait être treize fois et demie plus pesant que l'eau. Il remplit de mercure, comme nous l'avons indiqué dans la précédente leçon, un tube de verre ouvert par un bout ; puis, le bouchant avec le doigt, il le renversa dans une cuvette à mercure ; il vit le mercure descendre et se maintenir à vingt-huit pouces (soixante-seize centimètres), au-dessus du niveau de la cuvette, c'est-à-dire, à une hauteur treize fois et demie moindre que celle à laquelle se tient l'eau dans le vide du corps de pompe.

Il put alors affirmer sans crainte aux fontainiers, que l'*horreur du vide* n'avait rien de commun avec l'élévation du liquide dans le corps de pompe, et que c'est le poids de l'atmosphère sur l'eau des puits qui fait monter l'eau dans le vide du tube. L'ascension se continue jusqu'à ce que le poids de l'eau ainsi montée soit égal à la pression de l'atmosphère sur l'eau du réservoir. Du même coup, le *baromètre* était inventé. L'espace vide qui reste au-dessus de la colonne de mercure dans le tube du baromètre est encore aujourd'hui appelé *le vide de Toricelli*.

Mais la masse de l'air n'est pas à toutes les hauteurs de la même épaisseur ; elle diminue à mesure que l'on s'élève ; et il est bien évident qu'elle sera de cinq cents mètres moins épaisse sur une montagne élevée de cinq cents mètres ; si elle n'a plus la même hauteur, elle ne devra plus avoir le même poids.

Si donc, c'est réellement le poids de l'atmosphère qui fait monter l'eau dans le corps de pompe, ou le mercure dans le tube de verre, il est évident que le poids de la masse d'air étant plus faible sur la montagne que dans la plaine, y fera monter le liquide moins haut dans le vide.

Ce fut un jeune homme de vingt-trois ans, Blaise Pascal, qui répéta en France les expériences de Toricelli et qui comprit que la colonne de mercure devait être moins élevée sur une montagne que dans la plaine.

Il opéra lui-même à différentes hauteurs, et fit vérifier ses expériences, par son beau-frère Périer, sur le Puy-de-Dôme, en Auvergne. L'un et l'autre purent constater que l'intensité de la pression diminue régulièrement à mesure qu'on s'élève dans l'atmosphère.

On est donc bien forcé de reconnaître que c'est le poids de la masse de l'air sur la cuvette qui fait monter le mercure dans le tube de verre, et que c'est ce même poids qui oblige l'eau d'un puits à s'élever dans un corps de pompe. L'eau ou le mercure montent plus ou moins, suivant que le poids de l'air est plus fort ou plus faible.

Cette masse d'air qui pèse moins sur la colline que dans la plaine, pèsera moins encore sur une haute montagne; vous verrez le mercure du tube de verre descendre à mesure que vous vous élèverez; et s'il était possible de porter ainsi ce tube jusqu'à l'extrême limite de l'atmosphère, vous verriez que le mercure serait au même niveau dans le tube et dans la cuvette. Cette expérience n'est pas possible, parce que l'homme qui ne peut vivre sans air serait incapable de porter le tube et la cuvette à mercure à une pareille hauteur. Mais on peut faire une expérience analogue en opérant le vide, au-dessus de la cuvette où plonge le tube, à l'aide d'une machine pneumatique. Il suffit pour cela de recouvrir la cuvette et le tube d'une cloche. A mesure qu'on retire l'air de la cloche, le mercure baisse dans le tube; et il vient un moment où la hauteur est presque la même dans le tube et dans la cuvette.

Notre tube et notre cuvette à mercure, qui constituent la forme la plus simple du baromètre, nous permettent de constater le poids de la masse d'air, et la diminution que subit ce poids à mesure que l'on s'élève. Si la colonne de mercure, qui est de soixante-seize centimètres au niveau de la mer, n'est que de soixante-quatorze à l'endroit où nous nous trouvons, cela veut dire que cet endroit est plus élevé que le niveau de la mer; si, à la ville voisine, elle n'atteint plus que soixante-treize centimètres, nous saurons que l'altitude de ce point est encore supérieure. Nous verrons plus loin comment notre instrument peut nous servir à mesurer les hauteurs. Dès maintenant, nous pouvons dire de quel poids presse la masse d'air sur un centimètre carré de surface, par exemple ; et, par suite, nous pouvons mesurer la pression totale ou la pesanteur de l'atmosphère. Rien de plus simple que ce calcul que vous allez faire vous-même.

— Il suffit, je crois, dit André, de rechercher ce que pèse une colonne d'eau d'un centimètre de base et de 10^m 30 de hauteur, ou bien une colonne de mercure ayant la même base, mais seulement 76 centimètres de hauteur.

— C'est cela même, mon enfant. Eh bien ! notre tube a précisément un centimètre carré de surface de base ; la hauteur de la colonne est de 76 centimètres ; et la densité du mercure est de 13,598, ce qui signifie qu'un centimètre cube de cette substance pèse 13 grammes 598 milligrammes. Pouvez-vous maintenant me dire la pression exercée par l'air sur un centimètre carré de surface ?

— Puisque le tube a un centimètre carré de surface de base, les 76 centimètres de hauteur de la colonne équivalent à 76 centimètres cubes de mercure. Si un centimètre cube pèse 13,598, 76 centimètres cubes pèseront

76 fois plus, ou 13,598 × 76 = 1033 gr. 448. C'est-à-dire que chaque centimètre carré supporte une pression de 1 kilogramme, 33 grammes.

— On sait, mes amis, que le corps d'un homme de stature moyenne présente une surface de 17,000 centimètres carrés, et on trouve qu'il supporte une pression moyenne de 17,568 kilogrammes !...

Ce chiffre paraît énorme au premier abord, et l'on a de la peine à concevoir qu'un poids aussi disproportionné aux formes de l'homme et qui semblerait devoir l'écraser, soit tout à fait insensible pour lui. Cependant, cette contradiction n'est qu'apparente et s'explique aisément, quand on considère que les fluides élastiques renfermés dans l'intérieur de notre corps exercent de dedans en dehors une pression en sens inverse de celle qui agit de dehors en dedans. Or, comme ces deux pressions opposées sont égales, elles se font équilibre et se neutralisent réciproquement.

Si nous calculons la pression que la masse de l'air exerce sur la surface entière de notre globe, nous arrivons à un chiffre prodigieux. On évalue à 500,000 milliards de mètres carrés la surface de la terre : Par une simple opération vous trouverez que la pression atmosphérique est représentée par 5,167,240,000 milliards de kilogrammes ! !...

Une diminution de 6 centimètres dans la hauteur de la colonne barométrique, indique une diminution de poids de la colonne atmosphérique de $13,598 \times 6 = 81$ grammes 58 centigrammes par centimètres carrés. La surface de notre corps se trouve déchargée d'un poids de 1,387 kilog. et ne supporte plus qu'une pression de 16,181 kilog.

On comprend comment, dans une foule de circonstances, une diminution brusque, tout comme une augmentation subite de la pression atmosphérique rompt chez l'homme l'équilibre établi et cause des accidents plus ou moins graves. C'est ainsi que les attaques d'apoplexie s'observent plus fréquemment lorsque l'un ou l'autre de ces phénomènes se manifeste subitement.

Voulez-vous la preuve que la masse de l'air nous presse en haut, en bas, par les côtés, en tous sens, se fait partout contrepoids, et que nous vivons dans cette masse, que nous nous y agitons absolument comme le poisson vit et s'agite dans l'eau? Vous avez vu souvent vos parents mettre en perce un tonneau de vin ?

— Oui, monsieur, dit Raoul ; et si l'on a pas eu le soin d'enlever la bonde, le vin ne coule pas.

— Qui est-ce qui l'empêche de couler ?

— Apparemment, reprit André, la pression de l'atmosphère sur le côté du tonneau.

— C'est cela, en effet, puisque, si vous débondez le tonneau, la masse de l'air pesant alors sur le dessus du vin le pousse avec autant de force que la masse de l'air qui le repousse sur le côté; l'effet est détruit, la résistance est vaincue, et le vin coule par son propre poids.

Voici une autre expérience qu'il vous sera facile de répéter :

Je remplis d'eau ce verre que je couvre ensuite avec ce carré de papier. J'applique dessus la main, à plat, de manière que le papier adhère bien exactement au verre. Je renverse le verre en retournant ma main que je retire ensuite... Regardez... Je tiens en l'air le verre plein d'eau, renversé sur le carré de papier, et l'eau ne s'écoule pas. Qui est-ce qui la soutient?

— Cela ne peut être, dit Léon, la feuille de

papier que rien ne soutient elle-même. Mais, c'est la masse de l'air qui presse de bas en haut sur le carré de papier.

Vous connaissez ce petit instrument, cet espèce de petit entonnoir étroit qu'on appelle *tâte-vin, tâte-liqueur*, et dont les marchands se servent pour faire goûter le vin de leurs tonneaux. La plus grande ouverture peut être fermée par le doigt.

— Il y a, dit André, un *tâte-vin* chez mes parents. Lorsqu'on veut s'en servir, on le plonge dans le vin ou dans l'eau-de-vie qu'on veut goûter ; puis on applique le pouce sur la plus grande ouverture qui est dans le haut de l'instrument ; on retire l'appareil presque plein de liquide sans qu'il s'en écoule une seule goutte ; et, pourtant, il est ouvert par en bas.

— Pourquoi le liquide ne tombe-t-il pas ?

— Je comprends, maintenant, que la pression de l'air, de bas en haut, soutient le liquide. Dès qu'on lève le pouce, la masse de l'air pousse le liquide par l'ouverture du haut avec autant de force qu'il est poussé par l'ouverture du bas ; l'effet est détruit, et le liquide tombe par son propre poids.

Si vous voulez vous convaincre d'une manière sensible qu'en pressant par tous les côtés sur nous-mêmes, cette masse d'air se fait contre-poids, vous n'avez qu'à rompre l'équilibre en quelque partie de votre corps.

Faisons en sorte, par exemple, que l'air pèse sur votre main et cesse de peser dessous. Cette expérience est facile à faire au moyen d'un bocal sans fond placé sur le plateau de la machine pneumatique.

Si l'on retire l'air du bocal sur l'ouverture duquel vous avez étendu votre main, cette main est, en quelque sorte, scellée au bocal ; vous ne pouvez plus la retirer ; il vous est impossible de soulever le poids qui la presse. Ce poids, vous le comprenez, n'est autre chose que celui de la colonne d'air qui presse sur votre main et qui cesse d'être contrebalancé par la pression qui s'exerçait au-dessous il y a un instant.

Lorsqu'on met sur l'ouverture du bocal une feuille de parchemin bien ficelée et mouillée à l'avance pour la rendre plus souple, on la voit se tendre, se creuser sous la pression, à mesure qu'on fait le vide ; bientôt elle crève avec un grand bruit.

Vous devinez maintenant pourquoi il devient impossible de soulever une cloche d'une certaine grandeur sous laquelle on a fait le vide ; elle paraît si bien soudée à la table qu'on ne peut plus la détacher qu'après avoir permis à l'air d'y revenir.

Citons encore l'expérience des *hémisphères de Magdebourg*, au moyen desquels on démontre que la pression s'exerce dans tous les sens. L'appareil dont on se sert pour l'exécuter a été imaginé par Otto de Guéricke, le même qui a inventé la machine pneumatique. Il a reçu le nom d'hémisphères de Magdebourg, parce que c'est dans cette ville qu'il a été inventé, et qu'il se compose de deux hémisphères creux, de métal, dont les bords peuvent s'appliquer exactement l'un sur l'autre. L'un deux porte un anneau pour le tirer ; l'autre est percé d'un petit canal muni d'un robinet qui peut se visser sur la platine de la machine pneumatique. Lorsque la sphère creuse qu'ils forment par leur réunion est remplie d'air, on les sépare sans difficulté. Mais quand on fait le vide à l'intérieur on ne peut plus les séparer sans un grand effort.

C'est qu'en effet, la force nécessaire à cette

séparation est à peu près égale à autant de kilogrammes que la base de chaque hémisphère contient de centimètres carrés.

— Toutes ces démonstrations, dit Jules, prouvent que la masse de l'air nous presse également de toutes parts, mais cela ne nous explique pas comment nous ne sommes pas écrasés, aplatis par toutes ces pressions.

— Je vous ai déjà dit que si nous ne sommes pas écrasés, nous le devons à l'élasticité de l'air qui est contenu dans les tissus de notre chair. Cet air est comprimé par la pression de l'air extérieur; il cède à la pression, sans cesser de lui résister.

Voulez-vous, d'une façon bien simple, vous assurer qu'il y a de l'air comprimée dans le tissu de notre chair? Sucez le dessus de votre main, aspirez, faites le vide en un mot. Voyez ce qui se produit: L'air intérieur qui n'est plus comprimé par le poids de l'air extérieur se dilate; la peau de votre main se gonfle; et si vous continuez, ce sera, dans un instant, une véritable boursoufflure.

Si, de dessus votre main recouverte d'une cloche de verre on pouvait retirer l'air complètement, au moyen de la machine pneumatique, la peau se gonflerait démesurément, éclaterait à force de se tendre, le sang de vos veines s'écoulerait, et bientôt votre main ne serait plus qu'une plaie. Quelques-uns parmi vous ont peut-être vu appliquer des *ventouses*: C'est la raréfaction de l'air qui fait boursouffler la peau et amène le déchirement des tissus.

Les intrépides aéronautes qui se sont élevés dans l'atmosphère à une trop grande hauteur, se sont vus forcés de redescendre après avoir été victimes d'accidents qu'ils avaient prévus, du reste. La masse de l'air, devenant trop légère, ne comprimait plus avec assez de force l'air intérieur contenu dans les tissus de la chair: Le sang leur sortait par le nez, les oreilles et les pores de la peau. Des voyageurs ont éprouvé de semblables indispositions, sur les sommets élevés des plus hautes montagnes.

— Ainsi, Monsieur, dit Léon, la masse de l'air qui nous presse en tous sens, doit nous rassurer et non pas nous effrayer, puisqu'elle nous est indispensable.

— Oui, mon enfant, cette pression est non-seulement utile, mais nécessaire à notre conservation.

Voulez-vous des exemples que l'air pénètre les tissus végétaux comme les tissus animaux, qu'il se rencontre partout et que partout cet air intérieur est équilibré par la pression extérieure. Mettez des fruits flétris, des pommes ridées, des raisins secs sous une cloche, et faites le vide : Vous verrez les fruits se gonfler, leur peau se tendre ; elle deviendra lisse et luisante ; quelques-uns auront l'aspect de fruits fraîchement cueillis. Comprenez-vous pourquoi ?

— C'est, dit Jules, que l'air qu'ils contenaient s'est dilaté, dès qu'ils ont cessé d'être comprimés par la masse de l'atmosphère.

— On met quelquefois sous la cloche une vessie bien bouchée, mais flasque, chiffonnée, aplatie au point de faire croire qu'elle est absolument vide d'air. A mesure qu'on retire l'air de la cloche, le peu de gaz qui restait dans les plis de la vessie se dilate ; elle se gonfle, devient grosse, rebondie, absolument comme quand on y fait entrer de l'air par insufflation.

— Quelles conclusions, mes amis, tirerons-nous de toutes nos expériences ?

— Nous saurons maintenant, dit André,

que l'atmosphère pèse sur la surface de la terre et sur tous les objets qui sont à sa surface, sur notre corps, sur les animaux, les végétaux, les minéraux, les liquides, etc; et nous saurons aussi pourquoi cette pression considérable se manifeste sans que nous le sentions.

XIX

LE BAROMÈTRE

Construction du baromètre. — Le baromètre de Fortin. — Le baromètre de Gay-Lussac. — Perfectionnement de Bunten. — Le baromètre à Cadran. — Les pronostics du temps. — Le baromètre anéroïde de Vidy. — Le baromètre de Bourdon. — Mesure des hauteurs au moyen du baromètre. — Hauteur de l'atmosphère.

On pourrait, à la rigueur, construire un baromètre avec n'importe quel liquide : deux raisons principales ont déterminé les physiciens à faire choix du mercure. D'abord, il est le plus dense de tous les liquides et par conséquent exige la hauteur la moins grande, le tube le moins long et le moins embarrassant; ensuite, il glisse contre les parois du verre sans les mouiller.

Il faut aussi que ce métal soit très pur et

absolument exempt d'oxyde ; s'il était impur, s'il contenait d'autres matières, sa densité serait variable ; et, s'il renfermait de l'oxyde, il adhèrerait au verre et le ternirait.

Mais ce n'est pas encore tout : Il est nécessaire, vous le savez déjà, que la chambre barométrique, la *chambre de Toricelli*, soit absolument purgée d'air et de vapeur d'eau. Pour obtenir ce résultat, on fait bouillir le mercure avant de le verser dans le tube ; et on le fait bouillir encore, dans le tube même, à mesure qu'on l'y verse, par petites quantités. De cette manière, l'air et l'humidité qui auraient pu adhérer au verre, sont entraînés par les vapeurs du mercure.

Il est essentiel de pouvoir toujours, dans un baromètre, mesurer et apprécier facilement la hauteur de la colonne indiquant la pression atmosphérique. Quand la cuvette est très large, le mercure qui rentre dans le tube, ou qui en sort, ne modifie pas sensiblement le niveau : on peut donc, pour mesurer la colonne barométrique, partir du niveau du mercure tel qu'il est dans la cuvette, comme d'un point fixe. Dès lors, il ne reste plus qu'à tracer une échelle divisée en centimètres, sur la planchette même à laquelle on a fixé le tube de verre et la cuvette. La partie supérieure de l'échelle, où se trouvent comprises les variations de hauteur, doit être divisée en millimètres.

On a, d'ailleurs, imaginé des dispositions plus rigoureuses dans les baromètres de précision.

Le *baromètre de Fortin* est un baromètre à cuvette perfectionné. Une monture en laiton enferme le tube de verre et le protège contre les chocs : Cette monture est fendue dans sa partie supérieure, afin qu'on puisse apercevoir la colonne de mercure. La cuvette dans laquelle plonge le tube, a un fond mobile en peau de chamois qui s'élève et s'abaisse à volonté au moyen d'une vis. Lorsqu'on veut observer la hauteur barométrique, on se sert de cette vis pour faire monter ou descendre la surface du mercure de la cuvette et l'amener exactement au point de contact avec une pointe d'ivoire très fine fixée verticalement dans l'intérieur de l'appareil. La monture en laiton, comme la planchette du baromètre à cuvette ordinaire, porte des divisions dont l'origine correspond rigoureusement avec l'extrémité inférieure de cette pointe. L'observateur n'a donc plus qu'à constater à quel point de ces divisions répond l'extrémité supérieure de la colonne de mercure. On suspend l'appareil à l'aide d'un petit anneau, pour qu'il soit bien vertical pendant l'observation.

Le *baromètre de Gay-Lussac* est le plus employé comme instrument de précision. C'est un baromètre à *siphon* qui se compose d'un tube contourné en deux branches d'inégales longueurs.

La petite branche et la partie supérieure de la grande sont de même calibre. Le métal ne peut sortir de la petite branche qui est fermée et ne communique avec l'air extérieur que par une ouverture extrêmement exiguë et rentrante.

Bunten a apporté à ce baromètre un perfectionnement qui a pour but de prévenir l'introduction accidentelle de l'air dans la chambre barométrique.

La longue branche se compose de deux parties qui pénètrent l'une dans l'autre ; s'il se glisse quelques bulles d'air, elles suivent le verre et vont se loger dans une espèce d'impasse formée par les jonctions des tubes ; mais il leur est impossible de pénétrer au-dessus de la colonne de mercure.

Le baromètre est enchâssé, comme celui de Fortin, dans un tube de cuivre qui n'a que les ouvertures nécessaires pour prendre la distance des deux niveaux, et ce tube porte une division en millimètres. L'instrument, très facile à transporter, peut se mettre dans un étui.

L'inconvénient des baromètres à mercure, c'est que les variations de la colonne mercurielle s'expriment souvent par des oscillations si petites qu'il est difficile de les mesurer avec précision.

— Pourquoi, alors, observa Jules, ne pas faire des baromètres à eau?

— Parce qu'il y a, peut-être, des inconvénients plus grands encore. D'abord, il ne faudrait pas songer à transporter un baromètre dont la grande branche aurait près de onze mètres de longueur.

On a établi, à Londres, un grand baromètre à eau : Comme sa colonne a environ dix mètres cinquante centimètres de hauteur, on conçoit aisément qu'elle éprouve des oscillations fort étendues et qu'elle doit être sensible à la moindre variation de la pesanteur atmosphérique ; aussi, remarque-t-on qu'elle est dans une agitation continuelle. L'inconvénient capital des baromètres à eau, c'est l'influence considérable qu'exerce sur ce liquide l'action de la température.

— Mais, monsieur, fit Raoul, tous ces baromètres ne ressemblent guère à celui qui est accroché dans la salle de la mairie et qui indique, au moyen d'une aiguille qui tourne sur un cadran, la pluie et le beau temps.

— Si vous aviez retourné ce baromètre, si vous aviez pu examiner derrière le cadran et la planchette sculptée qui le supporte, vous auriez vu que l'instrument est composé d'un tube à deux branches d'inégales longueurs. Sur le même axe qui porte l'aiguille, mais derrière le cadran, est fixée une petite poulie, sur la gorge de laquelle s'enroule un fil portant à ses extrémités deux petits poids en fer absolument égaux. L'un de ces poids repose sur le mercure de la branche ouverte, de la petite branche, qui sert de cuvette.

Si le poids de l'atmosphère diminue, le mercure descend dans la grande branche et monte dans la petite ; il soulève le petit poids qu'il supporte ; le fil tourne sur la poulie, et la poulie tournant aussi, fait monter l'aiguille qui y est attachée. Si, au contraire, le poids de l'atmosphère augmente, le niveau du mercure descend dans la petite branche pendant que le métal s'élève dans la grande branche ; le petit poids qu'il supporte descend avec lui, et fait descendre l'aiguille qui tourne maintenant en sens inverse.

— Peut-on, demanda André, prédire d'une façon certaine, à l'aide du baromètre, le temps qu'il fera ?

— S'il est vrai qu'il existe quelque rapport entre la hauteur barométrique et le temps qu'il fait ou qu'il fera, il est également vrai que cette relation n'est ni constante, ni précise, ni certaine.

Voici les seuls pronostics, à peu près sûrs, qu'on peut déduire de l'observation du baromètre :

Si le mercure monte beaucoup, mais lentement, le *beau temps* sera de longue durée ; il sera d'une durée très courte, au contraire, si le mercure monte rapidement.

Le mercure descend-il beaucoup, c'est, en général, signe de *pluie* qui durera plus ou moins longtemps, suivant que la colonne est descendue brusquement ou lentement.

La dépression de la colonne barométrique annonce du *vent*. Le vent sera violent et pourra souffler en tempête si la dépression est très grande.

Lorsque les oscillations du baromètre montent et descendent tour à tour, elles annoncent l'approche de l'*orage*. L'orage sera violent si la colonne descend beaucoup ; mais, quand elle remonte précipitamment, c'est que l'orage touche à sa fin.

Une forte dépression de la colonne de mercure précède communément la *neige*.

L'ascension du mercure annonce ordinairement la *gelée*.

Le mercure descend toujours un peu avant le *dégel*.

— J'ai vu, dit Léon, un petit baromètre, qui ressemblait à une petite pendule sans poids, et derrière lequel il n'y avait certainement aucun tube de caché.

— C'est que, indépendamment des baromètres dont nous avons parlé, il existe encore deux sortes d'appareils, capables de fournir des indications assez exactes, et dans la construction desquels le mercure n'entre pour rien.

Le *baromètre anéroïde*, dont l'invention est due à Vidy, consiste en une boîte circulaire de 12 à 15 centimètres de diamètre. Une aiguille, qui se meut sur le cadran, indique, au moyen d'un arc de cercle divisé, la hauteur barométrique correspondante à la pression qu'éprouve l'instrument.

Expliquons comment se mesure cette pression : Dans la boîte se trouve un petit tambour métallique dans lequel on a fait le vide ; il est formé par des lames de métal assez minces pour fléchir plus ou moins sous la pression de l'air qui l'enveloppe. Alors, un renvoi de mouvement fait marcher l'aiguille du cadran, à droite et à gauche, selon que la paroi du tambour s'affaisse ou se relève.

Le *baromètre de Bourdon*, d'une extrême simplicité, est un instrument très sensible et d'un très petit volume, qui offre, à l'extérieur, la même forme que le baromètre de Vidy.

Sa construction est basée sur le principe suivant : « Lorsqu'un tube à parois flexibles et légèrement aplaties sur elles-mêmes est courbé en spirale, ou circulairement, dans le sens de son plus petit diamètre, toute pression intérieure sur les parois a pour effet de dérouler le tube ; toute pression extérieure, au contraire, a pour effet de l'enrouler davantage. »

En vertu de ce principe, le baromètre de Bourdon se compose d'un tube dans lequel on a fait le vide, qui est hermétiquement fermé, roulé en cercle et fixé seulement en son milieu.

Toutes les fois que la pression atmosphérique diminue, ce tube se déroule ; le mouvement se transmet à une aiguille dont l'extrémité parcourt un segment de cercle gradué. La transmission s'opère au moyen de deux petits fils métalliques qui lient les extrémités du tube à un levier fixé à l'axe de l'aiguille. Si, au contraire, la pression augmente, le tube se ferme sur lui-même, et c'est un petit ressort en spirale, placé à l'extrémité fixe du levier, qui tend à ramener l'aiguille en sens inverse.

Vous savez que le poids de la colonne de mercure soutenue dans le vide du tube est égal à une colonne d'air de *même base* s'élevant jusqu'aux extrêmes limites de l'atmosphère ; ou, ce qui est la même chose, que cette colonne de mercure pèse exactement autant que

— La hauteur de l'atmosphère sur la montagne, dit Léon, est de

$$10{,}464 \times 580 = 6{,}069 \text{ m. } 120.$$

— Il n'est pas difficile de voir, maintenant, reprit Raoul, que la hauteur de la montagne est de

$$7{,}952^m 640 - 6069^m 120 = 1883^m 520.$$

— On pourrait encore, dit André, faire le raisonnement suivant. Le baromètre a baissé de

$$760 - 580 = 180 \text{ millimètres.}$$

Or, chaque fois que la colonne de mercure baisse d'un millimètre, la colonne d'air s'est amoindrie de 10,464 millimètres, ce qui revient à dire que, lorsqu'on s'élève de 10,464 millimètres, la colonne de mercure baisse de 1 millimètre. Mais, puisque la colonne de mercure a diminué de 180 millimètres, la hauteur de la montagne est de

$$10{,}464 \times 180 = 1{,}883^m 520,$$

résultat égal au précédent.

— Les deux raisonnements sont très logi-

la colonne d'air, puisque ces deux colonnes se font équilibre.

L'air, à volume égal, pesant 10,464 fois moins que le mercure, il en résulte que la colonne d'air sera toujours 10,464 fois plus haute que la colonne de mercure ; c'est-à-dire que pour faire équilibre à une colonne de mercure de 1 millimètre, par exemple, il faut une colonne d'air de 10,464 millimètres.

— Par conséquent, dit Jules, le baromètre marquant au lieu où nous sommes 76 centitres ou 760 millimètres, il en résulte que la hauteur de l'atmosphère est en cet endroit, de

$$10,464 \times 760 = 7,952 \text{ m. } 640.$$

— Malheureusement, mon ami, le calcul n'est pas tout à fait aussi simple, et vous saurez bientôt pourquoi.

Cependant, continuons nos opérations sur ces bases.

Nous constatons que, dans la plaine, le baromètre marque 760 millimètres ; nous transportons l'instrument sur une montagne et nous voyons que la colonne de mercure n'est plus que de 580 millimètres, par exemple.

ques, mes enfants; il ne manque à chacun d'eux qu'un point de départ vrai.

La densité des couches atmosphériques n'est pas partout la même; elle décroît rapidement à mesure qu'on s'élève davantage; il en résulte que la hauteur de l'atmosphère est bien supérieure au chiffre de 7,952 mètres que nous avions calculé.

Voulez-vous la preuve que l'air dont l'atmosphère est composée n'a pas la même densité à toutes les hauteurs : Regardez les nuages qui flottent à quelques centaines de mètres au-dessus de nos têtes. Pourquoi flottent-ils à 200 mètres de hauteur, je suppose? — Parce que la couche d'air qui s'étend jusque-là est plus lourde, plus dense qu'ils ne le sont eux-mêmes.

Mais pourquoi ne s'élèvent-ils pas jusqu'à la limite de l'atmosphère, car, il me semble que c'est là qu'ils devraient flotter comme le morceau de liège flotte à la surface de l'eau?— C'est parce que la couche d'air qui s'étend au-dessus d'eux est moins dense.

Cependant, il existe plusieurs méthodes qui permettent d'arriver à une évaluation approximative des hauteurs. On a pu ramener la densité variable de l'air, dans l'atmosphère, à un chiffre sous lequel elle puisse être comparée à la densité constante du mercure.

Les *tables barométriques* de Biot donnent la différence du niveau entre une plaine et une montagne, entre un point et un autre plus élevé, par une simple soustraction de deux nombres.

Suivant Humboldt et Boussingault, notre atmosphère s'élève à une hauteur de 43 kilomètres, environ.

FIN

www.ingramcontent.com/pod-product-compliance
Lightning Source LLC
Chambersburg PA
CBHW071859160426
43198CB00011B/1167

la colonne d'air, puisque ces deux colonnes se font équilibre.

L'air, à volume égal, pesant 10,464 fois moins que le mercure, il en résulte que la colonne d'air sera toujours 10,464 fois plus haute que la colonne de mercure ; c'est-à-dire que pour faire équilibre à une colonne de mercure de 1 millimètre, par exemple, il faut une colonne d'air de 10,464 millimètres.

— Par conséquent, dit Jules, le baromètre marquant au lieu où nous sommes 76 centitres ou 760 millimètres, il en résulte que la hauteur de l'atmosphère est en cet endroit, de

$$10{,}464 \times 760 = 7{,}952 \text{ m. } 640.$$

— Malheureusement, mon ami, le calcul n'est pas tout à fait aussi simple, et vous saurez bientôt pourquoi.

Cependant, continuons nos opérations sur ces bases.

Nous constatons que, dans la plaine, le baromètre marque 760 millimètres ; nous transportons l'instrument sur une montagne et nous voyons que la colonne de mercure n'est plus que de 580 millimètres, par exemple.

— La hauteur de l'atmosphère sur la montagne, dit Léon, est de

$$10{,}464 \times 580 = 6{,}069 \text{ m. } 120.$$

— Il n'est pas difficile de voir, maintenant, reprit Raoul, que la hauteur de la montagne est de

$$7{,}952^m\,640 - 6069^m\,120 = 1883^m\,520.$$

— On pourrait encore, dit André, faire le raisonnement suivant. Le baromètre a baissé de

$$760 - 580 = 180 \text{ millimètres.}$$

Or, chaque fois que la colonne de mercure baisse d'un millimètre, la colonne d'air s'est amoindrie de 10,464 millimètres, ce qui revient à dire que, lorsqu'on s'élève de 10,464 millimètres, la colonne de mercure baisse de 1 millimètre. Mais, puisque la colonne de mercure a diminué de 180 millimètres, la hauteur de la montagne est de

$$10{,}464 \times 180 = 1{,}883^m\,520,$$

résultat égal au précédent.

— Les deux raisonnements sont très logi-